NFT
사용설명서
플러스+

아는 만큼 돈이 되는 가상자산 투자 가이드

NFT
사용설명서

플러스+

장 기욤 뒤마 외 지음
박효은 옮김 | 이장우·정재승 감수

CONTENTS

PART 1 넥스트 레벨로 넘어가기 전 기본부터 다시 보자

PART 2 글로벌 비즈니스는 NFT를 중심으로 재편된다

NFT를 통해 살펴본 디지털 플랫폼의 미래

2017년 말, NFT는 '크립토키티'라는 고양이 육성 게임을 통해 대한민국에 그 존재를 처음 알리기 시작했다. 각각의 고유한 특성을 지닌 고양이 캐릭터들이 NFT로 발행되었고, 사람들은 자신이 원하는 고양이 NFT를 소유하거나 거래할 수 있었다. 이렇게 게임을 비롯해 다양한 실험을 진행하던 이들은 점점 NFT의 영역을 넓혀가며 가능성을 확신하고 있었다.

그러던 중, 2020년 NBA의 주요 영상들이 'NBA 톱숏'이라는 디지털 수집품으로 구현되어 괄목할 만한 성과를 내기 시작했고, 크리스티 경매를 통해 6,930만 달러에 낙찰된 비플의 「매일: 첫 5000일」이라는 이름의 NFT 작품은 디지털 아트 시장에 커다란 반향을 일으켜 NFT 성장의 발판을 마련했다.

하지만 과열된 관심은 NFT 시장을 크게 주목받게 만드는 동시에 그 미래에 대한 고민을 다시 하게끔 해주었다. 2022년에는 NFT 시장은 조정을 겪으며 거래량이 주춤하기 시작했다. 그러나 NFT는 여전히 새로운 시도를 하며 꾸준히 진화하고 있고 시장은 그다음을 준비하며 이동하고 있다.

디지털 수집품인 NFT 1.0과 메타버스에서의 유틸리티가 부여된 NFT 2.0 이후, 이제 NFT의 다음 단계는 무엇인지에 대한 질문이 제기되고 있다. NFT 트렌드의 변화 속에서 그 변화를 다시 한 번 깊이 탐구해야 할 시기다. 또한 NFT의 본질과 활용도를 다시 한 번 살펴볼 때다. 스마트폰이 처음 나왔을 때도 사람들은 스마트폰이 얼마나 우리 생활을 바꿀지 상상하지 못했다. NFT도 마찬가지다.

NFT의 장점은 NFT의 미래가 아직 확정되지 않았다는 데 있다. NFT는 빈 그릇과 같아서, 담긴 내용물에 따라 NFT의 성격이 달라진다. 블록체인 기반의 암호화폐는 국경을 초월한 거래의 유동성을 제공했다. NFT 역시 암호화폐의 한 종류로서, 대체 불가능한 자산들의 거래 유동성을 제공해주는 그릇의 역할도 한다. 그동안 거래의 유동성이 적었던 비정형 자산들은 NFT를 통해 앞으로 더 많은 거래를 할 수 있는 환경을 맞이할 것이다. 그 영역은 예술품, 미술품, 골동품, 음원, 지식재산권, 부동산 등에 이르기까지 무궁무진한 비정형 자산이 모두 가능하다. NFT 안에 담기는 것은 게임 아이템일 수도 있고, 부동산의 일부일 수도 있으며, 특정 클럽의 회원권이나 디지털 예술품일 수도 있다. 따라서 이제 NFT의 본질을 이해하려면 그릇의 특성을 잘 알아야 한다.

NFT의 본질을 다시 한 번 상기하면서 『NFT 사용설명서 플러스』를 읽다 보면 깊은 인사이트를 얻을 수 있을 것이다. 이 책을 통해 NFT의 무한한 가능성을 탐색하고, 앞으로 더욱 발전할 NFT 산업의 트렌드와 변화에 대한 이해를 높일 수 있기를 기대한다. NFT 시장이 다시금 활기를 찾기 위해서는 창조적인 발상과 끊임없는 시도가 필요하다. 이 책이 그러한 노력의 출발점이 되어주길 바란다.

감수자 이장우

한발 앞서
NFT가 바꿀 세계의 원리를 보다

우리는 일상에서 단일한 화폐를 사용한다. 단일한 기관(대한민국의 경우 한국은행)에서 발행된 단일화폐에는 단일한 기준(신용)에 따라 모든 기능(계산 단위, 교환·지불 수단, 가치 저장 수단, 투기 대상)이 한 곳에 집약되어 있다. 각 화폐는 가치가 같으면 대체할 수 있으므로 수백 년 전부터 사용되어 왔다. 화폐의 단일성과 대체 가능성은 자연스러운 질서 속에서 성립된 것이어서 그 질서를 뒤집어보려는 시도는 일견 복잡하고 난해해 보인다. 그래서 다양한 화폐가 존재하는 세계는 어떤 양상일지, 이런 화폐가 우리 삶에 미치는 영향이 어떨지를 떠올리는 일은 여전히 쉽지 않다.

그러나 2008년 미국발 금융위기 이후 단일화폐 시스템의 취약성이 드러나면서 다양한 대안화폐 시스템이 제안되기 시작했다. 지역교환거래체계LETS, Local Exchange Trading System, 물물교환, 지역화폐, 그리고 암호화폐에 이르기까지 다양한 화폐 시스템이 등장했다. 현재 전 세계적으로 1만 개 이상의 대안화폐 시스템이 존재한다고 알려져 있다. 그중에서도 가장 많은 수를 차지하고 있는 대안화폐는 바로 암호화폐다.

2008년 비트코인과 블록체인 기술이 등장하면서 현재 1만 종 이상의 암호화폐가 세상에 모습을 드러냈다. 물론 이런 흐름에 편승한 일부 암호화폐는 이미 구현된 체계를 이용해 약간씩 형태를 달리한 것뿐이어서 암호화폐 발전에 그다지 이바지했다고 볼 수는 없다. 그러나 최근 개발된 암호화폐 중에서도 NFT_{Non-Fungible Token}, 즉 대체 불가능 토큰은 우리 사회와 화폐 제도 구조 자체에 커다란 변화를 가져올 전도유망한 기술로 주목받고 있다. NFT는 이더리움_{Ethereum} 블록체인에서 파생된 혁신적인 기술 중 하나인 스마트 컨트랙트_{Smart Contract}가 대중화되면서 부상하기 시작했다. NFT는 단순히 예술작품을 넘어 기존 단일화폐의 개념을 뒤흔들어놓았을 뿐만 아니라, 디지털 화폐라는 개념을 제시하면서 기존 화폐의 대체 가능성에 정면으로 도전하고 있다.

NFT는 2017년 처음 등장한 이후 계속 발전하고 있고 이런 가능성을 미리 알아본 미디어와 대중의 관심을 받아 괄목할 만한 성장세를 보였다. 그러한 관심에 보답하듯 NFT와 관련된 애플리케이션의 숫자 역시 엄청나게 증가했고 날이 갈수록 세분화되고 있다. NFT 업계는 이제 출발선에 선 것일 뿐이므로 앞으로 발전할 여지는 더욱 무궁무진하다. 다만 NFT에 관련된 온갖 정보가 난립하는 가운데에도 기술적 원리와 특성에 관한 정확한 정보는 거의 없다시피 하다. 그러다 보니 기술의 잠재력과 혁신의 진가가 제대로 평가받지 못하고 있다.

    이 책은 『NFT 사용설명서』에 이어 NFT에 관련한 37개의 핵심 내용을 바탕으로 NFT의 활용에서 법적 근거와 발전 양상까지 다뤄볼 예정이다. 추가로 블록체인의 다양한 개념, 즉 분산원장기술, 블록체인의 원리, 스마트 컨트랙트 등을 통해 NFT 메커니즘을 이해하는 동시에 NFT의 기술적 측면과 작동 방식도 알 수 있다.

    PART 1에서는 본격적으로 NFT의 특성을 살펴보고 PART 2에서는 NFT가 다양한 분야에 어떻게 적용될 수 있는지 알아볼 것이다. PART 3에서는 NFT가 세계 경제와 금융에 미치는 영향, 그리고 그에 대한 법적 규제가 어떻게 적용되는지를 살펴볼 것이다. PART 4에서는 블록체인, 암호화폐, 스마트 컨트랙트의 주요 원리를 다룬다. PART 5에서는 NFT 기술이 구현되는 메커니즘의 이해에 필요한 기술적 도구와 개념을 알아볼 것이다. NFT에 관련한 내용을 하나씩 따라가다 보면 앞으로 다가올 시대가 어떤 모습인지 확인할 수 있다. 그 세계를 미리 만나보자.

일러두기

- 본 도서에서는 추가로 필요한 정보를 확인하기 위해 질문 번호를 연계해 표기해두었습니다.
- 잡지와 신문, 도서명은 『 』로, 본문 제목과 논문명은 「 」로 표기했습니다.
- 본 도서에서는 이해를 돕기 위해 일부 설명, 작품명은 반복해 등장합니다.
- 각 파트별 소개글은 감수자의 글입니다.
- 각주는 전부 원서의 내용입니다.

PART 1

넥스트 레벨로 넘어가기 전 기본부터 다시 보자

1파트에서는 코인과 토큰의 차이를 알아보고, NFT와 대체 가능한 다른 토큰의 특징을 비교하며 기본적인 NFT의 특징을 알아볼 것이다. 또한 초창기 NFT가 어떤 모습이었는지 살펴보고, 디파이와 게임 등에서 사용되는 NFT의 활용 방식을 살펴보고자 한다. 마지막으로 NFT 도난 문제를 다루면서 NFT에 적용된 보안 특성을 확인할 수 있다.

CHAPTER 01

당신의 NFT는
고유한 토큰이다

　자산은 일반적으로 재산과 같은 뜻으로 쓰이며, 유형 또는 무형의
물품, 재화나 권리와 같은 가치를 지닌 것을 의미한다. 대체 가능한
자산은 그 자산이 속한 범주에 따라 규정된다. 대체 가능한 자산은 동
일한 범주(종류)에 속한 다른 자산과 차이가 없다. 대체 가능한 자산은
상호 교환될 수 있고 같은 범주에 속한 다른 어떤 것으로도 대체될 수
있다. 또한 같은 단위로 측정되는 범주에 속한 다른 것으로도 반환될
수 있다. 금, 밀, 우유, 또는 포도주는 대체 가능 재화 또는 종류물(공통
된 특징을 가진 일정한 종류에 속하면서 특별히 어느 것이라고 지정되지 않은 물건)
이라 할 수 있다. 화폐도 마찬가지다. 특히 비물질화된 화폐라면 더욱
그렇다. 따라서 1유로 동전은 다른 1유로짜리 동전으로 바꿀 수 있다.

5달러는 1달러 다섯 장과 바꿀 수 있다. 암호화폐도 마찬가지다. 1이 더_{ether, ETH}는 다른 1이더로 동일하게 대체된다.

법적으로 대체 가능한 물건은 특정물(물건을 거래할 때 당사자의 의사에 의해 구체적으로 지정되어 같은 종류의 다른 물건으로 바꾸는 것을 허용하지 않는 물건)에 반대되는 개념이라 할 수 있다. 부동산이나 보석, 예술작품이 이에 해당된다. NFT 역시 블록체인상에 있는 암호화 자산으로 고유성 및 희소성이 있어 교환이나 대체가 불가능하다. NFT에는 저마다 고유한 인식 값이 있어 다른 NFT와 구별된다. 다시 말해 NFT는 '각각 고유한 가치'를 지닌다.

NFT는 블록체인에 저장된 고유한 디지털 데이터다. NFT는 복제 가능한 디지털 자산(사진, 동영상 등)에 블록체인 기술을 적용해 복제 및 위조가 불가능한 암호를 증명서로 붙임으로써 소유권과 고유성(진품증명서)을 보장받는다. 이런 고유성은 블록체인에서 첫 번째 거래를 통해 증명되고 처음으로 가치가 매겨진다. 반면 원본의 복사본은 NFT 소유자에게 귀속되지 않으므로 다른 파일들처럼 복제될 수 있다.

코인과 토큰의 차이

분산원장기술_{DLT, Distributed Ledger Technology}에서 코인과 토큰이 어떻게 구분되는지 알아보자. 코인과 토큰은 암호화폐를 지칭할 때 종종 혼용되곤 한다. ICO_{Initial Coin Offering}(**CHAPTER 30** 참조)에는 코인이라는 용어가 사용됐지만 실제 ICO를 통해 발행하는 것은 코인이 아닌 토큰이다. 즉, 독립적으로 구축된 블록체인 네트워크에서 통용되는 암호화폐가 코인이다. 따라서 비트코인이나 이더리움은 코인으로 분류된다. 독립된 블록체인에서 통용되는 코인과 달리 토큰은 여러 블록체인 네트워크를 이용하며 두루 통용된다. 예를 들어 토큰은 디앱DApp(탈중앙화 애플리케이션)상에서 개별적인 목적을 달성하기 위해, 또는 디지털이나 실물 자산에 대한 소유권을 나타내기 위해 발행된다.

스마트 컨트랙트(**CHAPTER 28** 참조)를 이용해 토큰을 대중화한 대표적인 플랫폼은 이더리움이다. 그래서 스마트 컨트랙트에 적용된 기술 규정을 설명하는 기술 문서를 이더리움 평가요청서, 즉 ERCEthereum Request for Comments라 부른다. 특히 이더리움의 대체 가능한 표준 토큰은 ERC-20 표준(**CHAPTER 34** 참조)을 따른다. 이외에도 이더리움은 토큰에 적용할 수 있는 다양한 표준들을 제시해왔다. ERC-777은 'tokenReceived'라는 함수를 통해 수신자가 토큰을 수신했는지 여부를 전송자에게 통지하는 기능을 제안하는 등 ERC-20의 주요 기능을 향상시킨 표준으로 2021년 8월 공개됐다. 크립토펑크, 크립토키티, 엑시즈와 같은 NFT는 대개 ERC-721 표준을 따른다.* 최근에는 대체 가능 토큰(ERC-20)과 대체 불가능 토큰(ERC-721)의 혼합 거래를 가능하게 하는 ERC-1155 표준이 발표됐다.

• NEP(NEO Enhancement Protocol)-5는 정의와 기능면에 있어 ERC-20 및 ERC-223 표준과 유사하다.

그러나 NFT 토큰은 이더리움이 아닌 다른 블록체인에서 구동될 수 있으므로 다른 표준(CHAPTER 37 참조)을 따를 수도 있다. 〈표 1.1〉에는 현재 통용되는 주요한 대체 가능 및 불가능 토큰과 관련된 기술 표준 및 그에 대한 간략한 설명이 제시되어 있다.

토큰명	표준	설명
대체 가능 토큰		
베이직어텐션토큰(BAT)	ERC-20 (CHAPTER 34)	웹 기반 미디어 광고 플랫폼
다이(DAI) (CHAPTER 27)		암호화폐 담보 방식의 스테이블토큰. 이더리움을 담보로 예치
메이커(MKR)		다이(DAI)를 발행하기 위한 탈중앙화 자율 조직의 거버넌스 토큰
아이젝(iExec, RLC)		분산형 클라우드 컴퓨팅 서비스 개발을 목적으로 하는 프로젝트
테더(USDT) (CHAPTER 27)		미국 달러(USD) 기반 스테이블토큰
테더 골드(XAUT) (CHAPTER 27)		금 기반 스테이블토큰
유니스왑(UNI) (CHAPTER 31)		탈중앙화 금융 토큰의 자동 교환 거래를 위한 프로토콜
체인링크(LINK)	ERC-667 (CHAPTER 34)	탈중앙형 오라클 서비스 프로젝트
네오(NEO)	NEP-5	네오(NEO) 블록체인 토큰으로 중국산 이더리움이라 불림
웨이브		웨이브 블록체인 토큰으로 러시아의 이더리움이라 불림

토큰명	표준	설명
대체 불가능 토큰(NFT)		
엑시즈(Axies) (CHAPTER 10)	ERC-721 (CHAPTER 35)	블록체인 기반 비디오 게임인 엑시 인피니티의 디지털 반려동물
아트블록, 애너니미스		제너러티브 아트의 NFT 플랫폼
카드(CARD) (CHAPTER 11)		블록체인 기반 비디오 게임인 갓즈언체인드의 수집 카드
코덱스(Codex) (CHAPTER 09)		블록체인 기반 예술품 거래 플랫폼
크립토펑크(CryptoPunk) (CHAPTER 03)		24×24 픽셀 아바타 모음
크립토킥스(CryptoKicks) (CHAPTER 13)		나이키의 NFT 기반 상표 관리 기술
크립토키티(CryptoKitties) (CHAPTER 08)		블록체인 기반 고양이 캐릭터 육성 및 수집 게임
랜드(LAND) (CHAPTER 10)		이더리움 블록체인 기반인 더 샌드박스 내 가상 부동산
소레어(SOR, Sorare) (CHAPTER 13)		이더리움 블록체인 기반 선수 트레이딩 카드를 이용한 축구 게임
애셋(ASSET) (CHAPTER 10)	ERC-1155 (CHAPTER 36)	샌드박스 게임의 고유한 디지털 자산
가상자산 NFT (CHAPTER 37)	dGoods	모노폴리 게임을 블록체인에서 재현해 가상의 부동산 자산을 거래
NBA 톱숏(NBA TopShot) (CHAPTER 12)	Flow INFT	미국프로농구 NBA의 경기 명장면이나 선수의 이미지 등을 NFT로 발행
민트베이스(Mintbase) (CHAPTER 37)	NEP-171	민트베이스 플랫폼 상의 NFT 자산 관리
티펑크(TPunks) (CHAPTER 37)	TRC-721	크립토펑크와 유사한 트론 블록체인 기반 NFT
유비소프트 쿼츠(Ubiosft Quartz) (CHAPTER 37)	TZIP-12	NFT 게임인 '고스트 리콘: 브레이크 포인트'의 블록체인 플랫폼

표 1.1 다양한 대체 가능 및 대체 불가능 토큰

CHAPTER 02

NFT는 대체 불가능한
최초의 화폐가 아니다

　NFT와 다른 화폐의 가장 큰 차이점은 무엇보다도 대체 불가능성 (**CHAPTER 01** 참조)이다. 이 점이 바로 기존의 화폐와 NFT를 차별화하는 가장 큰 특성이다. 기존 화폐는 근본적으로 대체가 가능하기 때문이다. 그런데 역사적으로 대체 불가능한 화폐가 존재했던 때도 있었다. 문명화된 사회에서 완전히 자취를 감추기는 했지만 말이다. 우선 대체 가능성 및 그 특성과 영향에 대해 알아보고 대체 가능성과 대체 불가능성을 나타냈던 화폐의 변천사를 되짚어본 후, NFT가 우리 경제에 어떤 영향을 미치는지 살펴보자.

대체 가능한 재화

법적·경제적 측면에서 화폐는 '완벽하게 대체 가능한' 유일한 재화다. 화폐는 어떤 다른 재화와도 교환할 수 있기 때문이다. 이런 화폐의 대체 가능성은 '등가'를 성립시킨다. 화폐는 가치척도의 도구로 어떤 재화의 가치를 측정해 각기 다른 재화와 비교할 수 있도록 교환 가치를 부여한다. 따라서 규모와 관계없이 같은 단위로 재화의 가치를 측정할 수 있다. 통화는 '대체물' 혹은 가치의 '등가'로 볼 수 있지만 화폐와 재화를 같은 것으로 볼 수는 없다.

화폐의 대체 가능성은 화폐가 존재하거나 존재하지 않는 사물을 상징하고 그 사물의 가치를 드러낸다는 점에서 상징적이다. 르네 마그리트Rene Magritte의 「이것은 파이프가 아니다」라는 그림에서 '파이프'라는 단어도, 파이프 그림도 파이프 그 자체라고 할 수는 없지만 파이프를 표현할 수는 있는 것처럼, 화폐는 재화 그 자체가 아닌 재화의 가치를 나타낸다. 경제학자들에 따르면 이런 화폐의 상호교환 가능성이 화폐를 대체 가능한 것으로 만들어준다. 다시 말해, 화폐에 대체 가능성이라는 특성을 부여하는 것은 완벽한 등가 관계다.

대체 가능성이 성립하려면, 단위, 자산, 또는 토큰이 모든 면에서 다른 것과 같아야 하고 둘 사이에 어떤 차이점도 없어야 한다. 일례로 달러나 유로는 대체 가능한 토큰이다. 1유로는 다른 1유로와 모든 면에서 같고 고유한 표시나 흔적이 없다. 화폐도 마찬가지다. 출처가 어디인지, 어디서 제작되었는지, 이전에 어떤 거래가 실행되었는지 알

수가 없다. 그 어떤 정보도 대체 가능 토큰에는 담겨 있지 않다. 비트코인 역시 코인에 대한 정보와 거래 내역이 블록체인에 등록된다고 해도, 2020년의 1비트코인과 2014년의 1비트코인이 현재 상태에서는 동일한 가치를 가지므로 대체 가능한 토큰이다.

화폐의 대체 가능성에 대한 역사

화폐가 언제나 대체 가능하지는 않았다. 원시화폐는 '원시'사회(국가의 형태도 문자도 없던 사회)에서 제물, 종교의식(봉헌), 사회적, 법적(벌금) 영역에서 사용되거나 식량이나 주거 같은 인구의 생존과 의식주에 관련된 재화와 서비스의 교환에 사용되었다. 그런데 원시사회에서는 각 부족과 이미 화폐를 보유하고 있는 사람들이 화폐의 가치를 결정했다. 그래서 하나의 화폐와 다른 화폐 사이에 등가가 성립되지 않았다. 이런 특성은 뒤에 설명할 엘렉트럼 같은 금속 주화(CHAPTER 26 참조)에서부터 그리스 명문가에서 발행한 일부 사적 화폐에서도 드러난다. 이후 그리스 참주들은 사적 화폐를 없애고 명문가의 세도가 아닌 도시의 권력으로 보장되는 평범한 화폐를 발행했다. 그때부터 화폐는 대체가 가능해졌다.

역사적으로 볼 때, 특정 집단이 화폐를 발행했던 사례는 또 있다. 바로 로마 제국의 원로원이다. 그러나 기원전 3세기경, 화폐를 발행할 수 있는 권리는 황제가 독점하게 되었다. 그러다 476년 이민족의

침입으로 서로마 제국이 멸망하면서 왕, 왕자, 교회, 그리고 부유층은 자신만의 화폐를 주조하기 시작했다. 따라서 다양한 화폐는 서로 등가가 성립되지 않았고 화폐를 누가 주조했느냐에 따라 가치가 달라졌다. 14세기 중반까지 화폐는 왕자, 황제, 왕, 주교 또는 남작만 주조하고 발행할 수 있었으므로 공식적인 성격을 유지했다. 국가 권력은 화폐 주조를 국가의 독점적 권리로 되돌리려 했고 다양한 납부금의 결제에 단일한 화폐만 사용하도록 강제했다. 일부 역사가들에 따르면, 실제로 화폐는 국가의 질서를 유지해주는 보조적 수단인 동시에 화폐 주조에 쓰인 금속의 가치와 화폐의 액면가에서 발행되는 차이(주조차익)를 통해 국가를 부강하게 하는 편리한 수단이었다. 이렇게 발생한 이익은 국가의 권력과 세금을 더욱 쉽게 징수할 수 있는 단일한 통화를 확립하는 데 크게 이바지했다.

중세 시대에 와서는 은행가가 등장하기 시작했다. 실제로 당시 시장에서 화폐의 양과 그 진위 여부를 가리는 일은 상인들의 몫이었다. 은행Bank의 어원은 테이블을 의미하는 벙커Banca에서 유래했는데, 본래 은행가들이 작은 테이블을 놓고 각기 다른 주화의 금속 함유량을 측정하고 그것을 해당 지역의 화폐와 교환해주는 일을 했기 때문이다. 12세기경 유럽에 환어음이 등장하면서 그들의 입지는 한층 더 공고해졌다. 환어음은 물건을 판 채권자가 발행하는 것으로 물건을 산 채무자에게 약속한 날짜까지 대금을 결제할 것을 요청하는 증서다.* 런던의 부유한 상인들은 금세공업자들에게 금과 은을 맡겼고 그 대가로 예탁증서를 받았다. 이 예탁증서는 돈처럼 사용할 수 있었고 증서

그림 2.1 1666년 스웨덴 은행에서 발행된 유럽 최초의 신용화폐　　　©벨기에 국립 은행 박물관

에는 우수리를 제한 총액이 파운드로 표시되었다.

　초기 은행은 이탈리아에서 메디치 가문이 발흥하던 14세기가 되어서야 등장했다. 1656년, 네덜란드 상인 요한 팜스트루흐Johan Palmstruch (1611~1671년)는 스톡홀름에 민간은행을 설립했고 1666년에 위와 같은 유럽 최초의 지폐를 발행했다.

　한편 1694년, 영국에서는 40명의 상인들로 구성된 컨소시엄이 중앙은행을 설립하면서 세계 최초로 국채를 발행했다. 이는 현재 사용

• 예루살렘, 산티아고 데 콤포스텔라, 또는 로마로 성지 순례를 떠나기 위해서는 상당한 비용이 필요했다. 적은 비용으로 안정적인 성지 순례를 하기 위해 순례자들은 성지 순례에 필요한 금액을 템플기사단에 위탁했고 그 대가로 위탁한 금액이 적힌 일종의 증서를 받았다. 이렇게 인증된 증서에는 '환어음'이라는 이름이 붙었고 순례자는 목적지에 도착하면 출발할 때 위탁한 금액을 기사단에서 회수할 수 있었다. 환어음은 서기 700년에서 800년경 동양에서 유통되었으나 유럽에서는 수세기가 지난 후에야 사용되기 시작했다.

되는 지폐의 시초가 되었다. 지폐를 본위화폐로 교환할 수 있는 태환성 덕분에 지폐 도입에 필요한 신뢰가 자리를 잡게 되면서 지폐는 영국에서 1696년에는 은화로, 1717년에는 금화로 교환할 수 있게 되었다. 고정비율로 지폐를 주화로 교환할 수 있게 되면서 결제 수단을 구분할 필요가 없게 됐다. 18세기 말 무렵, 영국에서 통용되던 화폐 중 3분의 1은 지폐가 차지하게 되었다. 이후 1971년에 금본위제가 완전히 폐지되면서 사용할 수 있는 금의 양과 연동되던 통화 발행의 제약이 사라졌다. 이후 새로운 단위의 통화를 제한 없이 발행할 가능성이 커졌고 그때부터 통화의 가치는 신뢰에 기반을 두게 되었다.

차탈리즘Chartalism* 또는 법정화폐이론에 따르면 화폐는 오로지 국가 권력에 의해 발행되고 관리되며 국가가 계산 단위와 세금 납부 수단으로 지정하면서 화폐로서의 권위가 발생한다. 국가가 단일 화폐 제도를 확립할 수 있는 것은 바로 이런 메커니즘 덕분이다. 오늘날 세금 납부에 사용되는 화폐의 단위는 시중 은행에서 만들어낸 것으로 은행은 화폐 단위에 신용을 부여해 화폐 유통 구조 안에 편입시켰다. 그래서 각 은행은 자체적으로 화폐 단위를 만들어냈다. BNP 파리바 유로, 우체국 은행La Banque Postale 유로, LCL 유로가 그 좋은 예다.

이렇게 각 은행이 발행하는 화폐는 계산 단위(유로)가 단일하고 서로 구별되지 않기 때문에 대체 가능하다. 처음에 은행에서 발행한 유

---

* 역사적으로 화폐가 물물교환 문제에 대한 자발적인 해결책이나 부채를 토큰화하는 수단이 아니라 경제 활동을 지시하려는 국가의 시도와 함께 역사적으로 발생했다고 주장하는 화폐 이론이다.

로는 한 계정에서 다른 계정으로 유통되고 다른 은행에서 발행한 다른 유로와 구별되지 않는다.

대체 불가능 화폐, NFT

비트코인을 비롯한 여타의 암호화폐도 발행처와 관계없이 대체할 수 있다는 점에서 기존 화폐와 차이점이 없다. 현재 유통되는 화폐는 암호화폐를 포함해 모두 '대체 가능'하다. 즉, 한 화폐와 다른 화폐가 동일하다.

NFT는 다르다. NFT는 토큰에 특정한 속성(발행일, 발행처, 소유자, 소유권, 거래 내역)을 부여해 고유한 토큰으로 만들기 때문에 다른 토큰과 상호교환이 불가능하다(CHAPTER 04 참조). NFT가 거래될 때 원 발행자나 판매자는 단 하나의 원본만을 소유할 수 있다. 따라서 NFT는 고유성 또는 희소한 특성을 나타낸다. 하나의 토큰은 다른 토큰과 구별되기 때문에 각 토큰의 원본과 사본의 숫자를 파악할 수 있다. 그러므로 NFT의 출현은 화폐의 역사에서 살펴봤던 원시화폐처럼 고유하고 개별화된 가치를 지닌 대체 불가능 자산이 재등장했다는 것을 의미한다. 그렇지만 NFT는 블록체인에 등록되면 전 세계에 분산된 투명한 네트워크에서 매우 안전하게 관리되며 위조할 수 없고 변하지 않는다는 특성을 갖는다. 또한 언제든 구매나 판매가 가능해 현금화가 쉬우므로 현금 유동성도 높다.

수요와 공급의 변동에 따라 시세가 결정되는 비트코인이나 이더리움과 같은 암호화폐와 달리 NFT는 실물 또는 디지털 자산(예술작품, 기타 수집품, 스포츠나 게임에 관련된 수집품)에 내재된 고유한 가치를 갖고 있다. 이렇게 NFT는 다른 토큰과 교환할 수 있을 뿐만 아니라 그 자체에 특정한 가치가 부여되어 있어 '효용성'이 있다. 2021년 초에 암호화폐 시장이 전반적으로 하락세를 겪었지만 NFT 시세는 암호화폐 대비 훨씬 안정적으로 유지된 것도 이런 이유 때문이다(CHAPTER 16 참조).

CHAPTER 03

초창기 NFT와
NFT 선구자

　세계 최초의 NFT가 무엇이었는지 밝히는 일은 그리 간단하지 않다. 2014년 디지털 아티스트 케빈 맥코이_{Kevin McCoy}가 세계 최초의 NFT를 만들었지만, 실제 도입은 2017년에 와서야 가능했기 때문이다. 여기서는 NFT의 역사를 되짚어보고 무엇이 최초의 NFT였는지 가려보려 한다.

NFT의 선구자, 케빈 맥코이

　뉴욕에서 활동하는 디지털 아티스트인 케빈 맥코이는 벤처 기업가

그림 3.1 케빈 맥코이, 「퀀텀」   출처: 소더비에서 공개된 그래픽 디지털 아트

애닐 대시_{Anil Dash}와 손을 잡고 2014년 5월, 최초의 크립토 아트인 「퀀텀_{Quantum}」을 선보였다. 그림에서 볼 수 있듯이, 「퀀텀」은 팔각형 형태를 띤 그래픽 디지털 아트다.

이 작품은 온라인 소더비에 나흘간 전시되었고 2021년 6월 10일, 다른 디지털 작품들과 함께 총 147만 2,000달러에 낙찰됐다. 이 디지털 작품은 최초로 디지털 소유권 증명서와 함께 '네임코인' 블록체인에 등록됐다.● 맥코이가 네임코인을 선택한 이유는 바로 네임코인의 슬로건_{Bitcoin frees money–Namecoin frees DNS, identities, and other technologies}(비트코인은 돈을 자유롭게 하지만, 네임코인은 DNS, ID, 그 외의 기술을 자유롭게 한다) 때문이었다. 비트코인 기술을 기반으로 하는 네임코인은 탈중앙화 도메인인

● www.namecoin.org

DNS~Domain Name System~를 이용해 검열 저항성을 강화하는 것을 목표로 한다. 이 때문에 케빈 맥코이와 애닐 대시는 네임코인을 이용해 디지털 아트의 소유권을 판매, 교환, 관리할 수 있는 플랫폼을 구축하고자 했다. NFT라는 용어는 그 이후인 2017년에 등장했지만 고유성을 나타내고 증명서가 있으며 블록체인에서 매매할 수 있다는 점에서 맥코이의 작품은 NFT의 모든 특성을 갖추고 있었다.

최초의 NFT를 둘러싼 논란

2014년 5월 3일 21시 27분, 케빈 맥코이는 자신의 NFT 아트를 네임코인 블록체인에서 블록 번호 174923에 총액 0.015NMC로 발행했다. NFT에는 다음과 같은 내용도 포함했다.

다음 URL에 게시한 작품의 소유권은 본인에게 있다.
http://static.mccoyspace.com/gifs/quantum.gif

이 작품의 창작자인 본인은 다음 URL에 이를 공개한다.
https://twitter.com/mccoyspace/status/462320426719641600

작품은 해시값을 통해 무결성이 증명된다.
d41b8540cbacdf1467cdc5d17316dcb672c8b43235fa16cde98e79825b68709a

이 블록체인 거래를 소유한 사람이 이 작품의 소유자다.

2014년 5월, 최초의 NFT는 이렇게 탄생했다. 맥코이의 NFT 작품 「퀀텀」의 GIF 애니메이션은 작가의 웹사이트에서 볼 수 있으며 해시값을 통해 작품의 무결성이 증명된다는 것을 알려준다. 또한 이 메시지는 이 거래를 소유한 사람이 「퀀텀」의 소유자임을 나타낸다.

네임코인은 정기적으로 사용료를 결제하고 유효성을 갱신해야 도메인이 유지되는 특성이 있었다. 만약 도메인이 갱신되지 않을 경우, 네임코인 규정에 따라 소유권 증명서는 36000블록 이후 만료되고 도메인은 비활성화된다. 이렇게 비활성화된 도메인은 누구든 다시 등록할 수 있다.

퀀텀의 도메인 역시 2021년 4월 30일까지 비활성화되어 있었고 @EarlyNFT 라는 사용자는 556942블록에 원본 메시지를 복제해 이 도메인을 네임코인에 등록했다. 이 메시지는 2014년 맥코이가 도메인 네임을 갱신하지 않아 @EarlyNFT가 해당 도메인 네임을 소유하게 되었다는 것을 증명하기 위한 것이었다. @EarlyNFT는 맥코이가 실행한 절차를 그대로 따라 도메인 네임을 재활성화한 후 2021년 4월 5일 7시에 553180블록 및 12시 14분에 553214블록에서 이를 선보였다. 얼마 후 맥코이의 주도하에 소더비는 경매를 준비했다. 이 소식을 들은 @EarlyNFT는 2021년 6월 7일 16시 30분, 562392블록에 메시지를 올렸고, 이 메시지는 네임코인 블록체인 553214블록에 추가되었다.

"케빈 맥코이가 「퀀텀」이라는 제목을 붙인 이 NFT 원본의 승인된 복사본이 현재 소더비 경매에 나와 있다."

2021년 6월 10일 경매가 마감되자, 2021년 6월 14일 12시 25분, 네임코인 블록체인 563353블록에 다음과 같은 메시지가 등록됐다.

"케빈 맥코이가 「퀀텀」이라 명명하고 2014년 5월 2일 민팅Minting한(제작한) NFT 원본은 현재 @EarlyNFT 트위터 계정 운영자가 소유하고 있으니 해당 작품에 관한 문의사항은 다이렉트 메시지를 보내주세요."

「퀀텀」의 소유권이 누구에게 있는가에 대한 문제는 소더비 경매에서 해당 작품이 이더리움(CHAPTER 35 참조)에서 구동하는 ERC-721 표준을 따른다는 사실이 밝혀지며 불거졌다. 따라서 경매는 아래 주소에서 접근할 수 있는 스마트 컨트랙트를 통해 이루어졌다.

etherscan.io/address/0xe81a45439ff9bc5841202ce4b2049e578
8771d9#code

그런데 IPFS 플랫폼에 공개적으로 저장된 경매 관련 문서를 들여다보면, 맥코이가 서명한 메시지를 확인할 수 있다. 이 메시지는 처음에 「퀀텀」이 민팅된 거래에서 발송한 주소의 소유자를 증명한다.

주소 : N2nunKeYiYeqDCunDzJ3EQQh1fbAawegPW
서명: G3lWiwdDFkRycZZZ5LSwgx4KnFhk9QY/vsqWTtj3bZZ1/WTYDi
tgJKft9a4d7B0nqCbRRPuvKKX0hi2607j1hN0=
메시지: 나 케빈 맥코이는 「퀀텀」을 제작해 2014년 5월 2일 네임체인 블록체인에 등록했고 이는 최초의 NFT 작품이라 할 수 있다. 본인은 여전히 이 작품을 소유하고 있고 처음 거래한 주소를 관리하고 있다.

이더리움 ERC-721 계약에 의해 작성된 이 메시지는 맥코이가 2014년 5월 2일 최초의 NFT 형태로 발행한 작품 「퀀텀」의 소유자이며 현재 그에 대한 계약은 이더리움에서 관리되고 있음을 알려준다.

2021년에 「퀀텀」이 이더리움 ERC-721 표준을 따르는 NFT로 발행되었고 네임코인 플랫폼에서는 유효성이 만료되었기 때문에 이전 버전의 「퀀텀」은 무용지물이 된 셈이다. 네임코인 도메인을 소유한 @EarlyNFT의 항변에도 불구하고 경매는 진행됐다. @EarlyNFT 입장에서는 맥코이가 자신의 소유권을 가로챈 것이라고 생각할 수 있다. 그러나 또 다른 관점에서 보면 네임코인이 블록체인에 등록된 NFT에 대한 보안을 충분히 제공하지 않았다고 볼 수도 있다. 맥코이가 도메인을 갱신하지 않으면 소유권이 만료되는 네임코인이 아닌 ERC-721로 NFT를 발행하기로 한 이유도 바로 거기에 있다. 이처럼 하나의 물리적 개체를 두고 여러 NFT 플랫폼에서 소유권이 주장된다면 여러 문제가 발생할 수 있다.

NFT의 시작

그림 3.2 이더리아 홈페이지

2015년 10월, 런던에서 개최된 이더리움 개발자 회의인 데브콘 1 Devcon1에서 사이러스 앳키슨Cyrus Adkisson은 이더리아 프로젝트Etheria Project를 발표했다.[*] 이더리아 프로젝트는 이더리움 블록체인을 기반으로 가상 세계에서 메타마스크(CHAPTER 17 참조) 애플리케이션을 이용해 NFT 토지(총 457개의 육각형 모양 타일)를 거래하는 NFT 프로젝트다. 이더리아 NFT는 5년 이상 판매되지 않고 있다가 NFT에 대한 대중의 관심이 높아지고 최초의 프로젝트라는 역사적 의미 때문에 관심을 받은 지 24시간 만에 모든 NFT가 총 140만 달러에 판매되었다.

• etheria.world

NFT 초창기의 모습

그림 3.3 크립토펑크

　2016년에 등장한 레어페페Rarepepes 프로젝트는 '페페 더 프로그'라는 개구리 캐릭터가 그려진 카드를 수집하는 NFT 프로젝트였다. 많은 예술가들이 프로젝트에 참여해 1,700장의 카드를 제작했고 수집가들은 이 카드를 이더리움 기반 플랫폼에서 거래했다.[*] 그 외에도 2017년에 시작된 크립토펑크Cryptopunks는 픽셀로 이뤄진 1만 개의 아바타 모음으로 현재 이더리움 기반 최초의 NFT 아트로 꼽힌다.[**] 2021년 크립토펑크 픽셀 이미지는 출시 이후 약 3억 5,100만 달러의 거래액을 기록했다.

　게임상의 고양이 크립토키티CryptoKitties 역시 NFT 마켓플레이스인 오픈시Opensea에서 구매할 수 있다.[***] 크립토키티는 가상의 고양이를 육성하는 게임으로, 고양이 캐릭터를 수집할 때 암호화폐를 사용해

[*]　rarepepes.com
[**]　www.larvalabs.com/cryptopunks
[***]　www.cryptokitties.co

그림 3.4 2021년 6월 판매된 크립토키티 캐릭터

매매할 수 있다. 크립토키티는 이더리움 블록체인 기반으로 거래 이력 및 거래의 유효성을 보장할 뿐만 아니라 누가, 어떤 캐릭터를 보유하고 있는지 알아볼 수 있는 기능을 제공한다.

이후 비트코인캐시, 이더리움, 코스모스, 이오스, 플로우, 테조스, 트론과 같은 많은 블록체인이 NFT를 발행하기 위해 자체 프로토콜을 개발했다(**CHAPTER 35. CHAPTER 36. CHAPTER 37** 참조). 그럼에도 현재까지 NFT 발행에 가장 많이 이용되는 블록체인은 단연 이더리움이다. NFT는 오픈시나 라리블 같은 다양한 NFT 거래 플랫폼에서 구매하거나 판매할 수 있다(**CHAPTER 18. CHAPTER 33** 참조). 국내의 경우 클립드롭스, 도시DOSI, 팔라Pala 등에서도 구매할 수 있다.

CHAPTER 04

NFT로
이자 농사하는 방법

NFT 교환은 크게 두 가지 관점에서 생각해볼 수 있다. 우선 NFT는 단 하나뿐이기 때문에 당연히 대체 불가능하다. 따라서 두 개의 같은 NFT는 절대 존재할 수 없고 상호교환도 불가능하다. 대체 불가능 토큰은 사실상 블록체인에 저장된 고유한 디지털 데이터의 집합이다. 물론 NFT는 복제 가능한 디지털 개체를 나타내는 데 사용될 수 있고 이 개체는 여타의 파일들과 마찬가지로 복사 및 공유될 수 있다. 그러나 NFT 그 자체, 즉 디지털 파일의 소유권 인증서 또는 보증서는 단 하나뿐이어서 상호교환할 수 없다.

그렇다면 NFT는 교환, 또는 교체, 환전이 가능할까? 실제로 NFT의 대체 불가능성과 관계없이 NFT를 바꿀 수 있는 몇 가지 방법이 있다. 일드 파밍Yield Farming의 연장선에서 개발된 NFT 파밍이 대표적이다. NFT 파밍은 일정 기간 플랫폼에 NFT를 예치하면 코인으로 보상을 받고 반대로 코인을 예치하면 NFT를 받을 수 있는 서비스로 NFT 기술과 디파이DeFi 시스템이 결합된 NFT 버전의 '이자 농사(일드 파밍)'다(CHAPTER 19 참조).

이렇게 NFT 파밍은 NFT를 보상으로 제공하고 암호화폐 농장이 아닌 NFT 농장에 기반하고 있다는 것만 제외하면 일드 파밍과 거의 같다. NFT 파밍은 NFT에 유동성과 유용성을 부여한다. 따라서 보상(또는 수익)을 얻으려면 NFT의 가치 상승을 기대하는 특화된 농장에서 스마트 컨트랙트를 통해 NFT를 전송하면 된다.

또한 게임 성과에 따라 보상을 받는 비디오 게임을 NFT 파밍(이용자가 게임을 하면서 물질적, 금전적 보상을 받는 게임)에 적용할 수도 있다. 일례로 에일리언 월드Alien Worlds나 코메스Cometh 같은 비디오 게임은 NFT 파밍을 적용했다. 인터랙티브 게임 중 하나인 엑시 인피티니Axie Infinity는 유저들이 게임을 통해 토큰을 획득할 수 있고 이를 판매하거나 사용해 새로운 NFT 캐릭터 엑시즈Axies를 생성할 수 있는 기능을 제공한다(CHAPTER 10 참조). 게임 유저들은 이렇게 다양한 방법으로 캐릭터를 생성해 수익을 낼 수 있다. 이외에도 P2EPlay to Earn 모델을 기반으로 한 많은 게임들이 개발되고 있다(CHAPTER 10. CHAPTER 11 참조). 마지막으로 NFT는 대출에 대한 담보로도 사용할 수 있다(CHAPTER 19 참조).

디파이 플랫폼으로 이자 농사를 하는
일드 파밍

일드 파밍이란 스마트 컨트랙트를 이용하는 다양한 디파이 프로젝트에 특정 자산을 일정 기간 동안 스테이킹해 가변적인 이율로 다양한 리워드 자산을 획득하는 과정을 말하며, 일드 파밍 프로젝트에 유동성을 제공하는 대가로 거래 수수료, 대출자의 이자, 또는 거버넌스 토큰을 보상한다.

지급된 수익은 대개 연이율로 표시되기 때문에 적금 등으로 얻을 수 있는 수익과 비교해볼 수 있다. 그러나 유동성 공급자가 점점 더 많아지면 발생하는 수익의 가치는 감소하는 추세다. 초창기에는 플랫폼 대부분에서 스테이블코인을 지급했지만 이제는 플랫폼의 유동성을 위해 이더리움 거버넌스 토큰을 제공한다.

유동성을 제공한 대가로 받는 거버넌스 토큰은 대개 바이낸스(CHAPTER 18 참조) 같은 중앙화 거래소뿐만 아니라, 유니스왑(CHAPTER 19, CHAPTER 31 참조) 같은 탈중앙화 거래소에서도 거래할 수 있다.

CHAPTER 05

NFT를
도둑맞는다면

NFT의 도난 문제 역시 두 가지 관점에서 생각해볼 수 있다. 먼저 NFT는 다양한 블록체인 네트워크 위에서 발행이 가능하다. 따라서 발행한 블록체인 네트워크의 보안성이 낮다면 NFT 역시 해킹에 취약할 수 있다. 2022년 5월, 코인의 가치가 급락한 테라Terra 블록체인 위에서 발행된 NFT의 경우는 테라 블록체인의 네트워크 보안이 굉장히 취약해졌기 때문에 그 기반으로 발행된 NFT 역시 도난과 해킹의 가능성이 높아졌다. 당시 테라 블록체인 위에서 발행된 NFT 프로젝트의 상당수는 이더리움의 레이어 2Layer2 프로젝트인 폴리곤 기반으로 옮기기도 했다. 반면 이더리움과 같이 정상적으로 유지되는 블록체인에 등록된 NFT를 제거하려면 전 세계에 기록되어 있거나 관련된 모든 블록체인을 제거해야 하므로 NFT를 훔치는 것은 불가능에 가깝다.

다음으로 합법적인 NFT 소유자의 소유권을 타인이 주장할 수 있는지 여부를 생각해보자. 소유권을 주장하려면 원소유자의 동의 없이 블록체인을 수정하거나 NFT를 전송할 수 있어야 한다. 그런데 블록체인을 수정하는 것은 블록체인에서 NFT를 제거하는 것과 같은 문제를 발생시킨다. 즉, 블록체인뿐만 아니라 그와 연관된 스마트 컨트랙트까지 공격해야 하기 때문에 이 역시 현실적으로 불가능하다. 이런 경우가 아니라면 지갑이 소유하고 있는 자산인 NFT를 다른 지갑으로 이동시키려면 소유자의 개인 키가 필요하기 때문에 NFT 절도 시도자는 소유자의 개인 키를 알고 있어야 합법적 소유자에게서 절도 시도자에게로 소유권을 이전할 수 있다. 이런 경우는 지갑 소유자가 개인 키를 보안이 취약한 저장공간에 저장하고 이를 절도 시도자가 탈취할 경우 발생할 수 있다.

두 경우 모두 NFT 시스템에 적용된 보안의 특성을 보여준다. 우선 NFT 보안은 블록체인과 암호화 알고리즘을 기반으로 작동한다. 일반적으로 많은 수의 중개자(실질적이든 정보처리 면에서든)가 NFT 거래에 관여하고 있다. 그러므로 이 중개자에 관련된 리스크 역시 고려해야 한다. 마지막으로 법적·경제적 측면 역시 가볍게 넘길 수 없으므로 법적인 측면에 대해서도 상세하게 알아보자.

NFT는 어떻게 보호되고 있을까

쉽게 말하면 NFT는 디지털 파일의 소유권 정보를 블록체인 원장에 등록해둔 것이다(CHAPTER 01, CHAPTER 23, CHAPTER 28 참조). 따라서 소유권 증명서는 블록체인 자체 보안에 구멍이 뚫리거나 블록체인에서 변경을 허용할 때만 삭제되거나 변경될 수 있다.

NFT를 적용한 디지털 파일에는 고유한 해시값을 비롯해 파일의 발행자나 판매자의 전자 서명이 포함되어 있다. 전체 파일이 아닌 원본 파일에 해시함수를 적용하면 원본 파일에 대한 조작을 방지하면서도 데이터 길이를 더 짧게 변환할 수 있다. 따라서 암호화 해시함수*가 올바르게 적용되었다면 등록된 파일에 대한 위조나 변조가 불가능하다. 거래의 전자 서명은 디지털 파일의 발행자나 판매자의 신원을 보장하는 역할을 한다. 해시함수와 마찬가지로 전자 서명 기능이 올바르게 실행되면 NFT 판매 시, NFT 발행자나 판매자가 지갑의 소유권을 증명하는 개인 키로 서명했음을 의미하므로 디지털 파일 판매의 적법성이 보장된다.

시스템 차원에서 NFT 보안은 기존의 사이버 보안 이론을 이용한다. 특히 NFT 보안은 일부 시스템에서 사용되는 영지식 증명ZKP, Zero-

---

* 해시함수(Hash Function)는 임의의 길이를 갖는 데이터를 고정된 길이의 데이터로 변환시켜주는 함수이다. 블록체인에서 해시함수는 해시값 비교를 통해서 위변조 여부를 판별하고, 무결성을 검증하는 데 사용된다. 비트코인 블록체인에 사용된 해시함수는 SHA-256(Secure Hash Algorithm-256)이다.

Knowledge Proof(**CHAPTER 22** 참조)과 같은 고급 암호 프로토콜 보안을 적용하지 않는 이상, 블록체인에서 사용되는 해시함수와 전자 서명 등 특정한 수학적 특성을 기반으로 한 보안을 적용한다.

NFT 거래 시 발생할 수 있는 위험

NFT의 공급, 예치, 또는 거래 시 각 프로세스의 특성에 따라 특정 서비스 및 중개자가 개입될 수 있다. NFT 소유자는 여러 주체와 직접적으로 비즈니스 계약 관계를 맺을 수 있기 때문에 계약상 법적 분쟁이 발생할 수 있다. NFT 거래의 이해 당사자 및 시스템의 보안을 위협할 수 있는 요소들은 다음과 같다.

- ▶ 작품, 가상 개체, 또는 디지털 파일 생성자
- ▶ NFT 발행자(**CHAPTER 07** 참조)
- ▶ 호스트 또는 작품의 호스팅 서비스
- ▶ 마켓플레이스 또는 NFT 기반 플랫폼 – 게임, 소셜미디어, 슈퍼레어 플랫폼 (**CHAPTER 10, CHAPTER 18** 참조)
- ▶ NFT 구매자
- ▶ 관련 블록체인 및 스마트 컨트랙트
- ▶ 파일 전송을 위해 블록체인에 접근할 수 있는 전자지갑(**CHAPTER 32** 참조)
- ▶ 프로모션 NFT일 경우, 프로모션이나 마케팅을 돕는 컨설팅 에이전시

NFT 도난 사례

블록체인을 이용한 NFT는 어디까지나 데이터의 위조, 변조를 방지하는 기술에 불과하다. 해커가 이용자의 개인정보를 얻을 수 있다면 이용자가 보유한 NFT를 훔치는 것도 얼마든지 가능하다. 해커가 이용자에게 해킹 프로그램을 설치하는 메일을 보내거나 이용자가 개인 키를 따로 저장해둔 저장 공간이 노출될 경우 이를 이용해 이용자의 지갑에 접근해 NFT를 훔칠 수 있기 때문이다. NFT의 보안은 하드웨어에 있는 중요 데이터를 지키는 보안 프로세스와 매우 유사하다. 그래서 프로토콜이나 암호화 때문이 아닌 프로세스에 연관된 여러 개체 때문에 결함이 발생하곤 한다. 다음은 NFT 소유자를 대상으로 최근 발생한 두 건의 공격 사례다. 그 외에도 2022년 1월, 75만 달러(약 10억 원), 2월 170만 달러(약 23억 원) 규모의 피해가 글로벌 최대 NFT 마켓플레이스인 오픈시에서 발생했다. 해커는 소셜미디어 이용자에게 특정 링크가 삽입된 개인 메시지를 보내 해킹 프로그램 설치를 유도하거나 피싱사이트 링크가 담긴 메시지를 보내 이용자들이 자신의 지갑을 의심 없이 연결하도록 하는 방식을 사용했다.

▶ 2021년 3월 15일, NFT 마켓플레이스인 니프티 게이트웨이Nifty Gateway를 이용하던 사용자들의 계정이 해킹당해 NFT 컬렉션을 도난당하는 사건이 발생했다. 니프티 게이트웨이는 해커들이 플랫폼 자체를 공격한 것이 아니라 2단계 인증이 활성화되지 않은, 보안이 취약한 이용자의 아이디와 패스워드를 해킹한 것이라고 밝혔다.

▶ 2021년 6월, NFT를 생성한 다수의 트위터 사용자가 멀웨어 공격(비밀번호 공격)을 당했다.

CHAPTER 06

NFT 구매자를 위한
분산형 파일 시스템

비플_{Beeple}이라는 예명으로 활동하는 한 디지털 아티스트의 NFT 작품은 6,930만 달러에 팔렸지만(**CHAPTER 09** 참조) 막상 그 작품을 들여다보면 실망할 수도 있다. 그도 그럴 것이 작품의 이름도, 작품 그 자체도 없이 오직 해시함수와 전자 서명만 존재하기 때문이다! 사실 NFT는 소유권을 보증하고 작품 및 그와 관련된 모든 세부사항이 저장된 웹 주소, URL_{Uniform Resource Lacator}로 연결할 뿐이다. 그리고 인터넷 연결에는 당연히 정해진 기한이 있다. 그런데 NFT에 제시된 URL에 이상이 있거나 해당 작품에 제대로 연결되지 않으면 어떻게 될까?

구매자는 혹시 발생할 수 있는 이런 상황에 대비하기 위해 데이터 웨어하우스를 직접 보유하거나 신뢰할 수 있는 서비스 제공업체를 이용할 수 있다. 이외에도 블록체인 기술을 기반으로 하는 탈중앙화 분산형 파일 시스템, IPFS를 이용할 수도 있다(**CHAPTER 29** 참조).[•] 기존의 HTTP 방식은 데이터가 위치한 곳의 주소를 찾아가서 원하는 콘텐츠를 한꺼번에 가져오는 방식이었지만, IPFS는 데이터의 내용을 전 세계 여러 컴퓨터에 나눠 저장한 후, 조각조각으로 잘게 나눈 데이터를 빠른 속도로 가져와 하나로 합쳐서 보여주는 방식으로 작동한다. 따라서 도메인의 단일 소유자가 아닌 수많은 호스트가 파일을 온라인 상태로 유지할 수 있다.

이 시스템에서는 구매자에게 통제권을 준다. 일례로 구매자는 비용을 내고 NFT 파일을 온라인 상태로 유지할 수 있다. 이런 시스템에서도 물론 오류가 발생할 수는 있지만 적어도 복구할 수 있는 지점이 많다. 이는 곧 일부 NFT가 지속되어야 한다는 것을 의미하며 파일을 사용 가능한 상태로 유지하는 것은 구매자의 몫이다.

실제로 NFT 파일이 완전히 소실되면 해시값도 전자 서명도 확인할 수 없게 되고 NFT 자체의 가치도 사라진다. 이미 불타버린 물건의 소유권 증명서를 가지고 있는 것이나 마찬가지다.

• ipfs.io

분산형 파일 시스템, IPFS

IPFS_{InterPlanetary File System}는 정확히 말해 P2P 네트워크에 접속하는 모든 이용자가 완전히 분산된 방식으로 데이터를 저장하고 배포하는 시스템이다. 기존에 사용하던 HTTP 방식은 파일이 보관된 주소를 알아내어 그 파일의 주소만으로 해당 파일을 불러온 반면 IPFS 방식은 데이터를 저장할 때 각 데이터마다 콘텐츠 식별자_{CID}가 부여되는데, 이 콘텐츠 식별자를 통해 해당 파일의 일부를 보관하고 있는 여러 컴퓨터에서 파일을 불러오는 방식이다.

따라서 IPFS에 저장된 파일은 변조 및 검열에 강한데, 파일의 새 버전을 IPFS에 추가하면 암호화 해시가 다르므로 새 CID를 얻기 때문이다. 파일을 변경해도 원본을 덮어쓰지 않으며, 저장 비용을 최소화하기 위해 파일 전체의 공통된 원본 조각을 재사용할 수 있다. 한편 IPFS는 변경된 CID로 끊김 없이 다시 디렉션해주며 고정된 주소를 제공하는 분산 네이밍 시스템_{IPNS, InterPlanetary Name System} 또는 DNS 링크_{DNS-Link}를 제공한다. 마지막으로 IPFS는 중앙화된 서버 없이 노드끼리의 P2P 통신으로 파일을 다운로드할 수 있다. 이 경우 다음과 같은 이점이 있다.

▶ 네트워크 복원력이 높아진다. 콘텐츠가 파괴되거나 한 지점에서 검열된다 해도 다른 지점에서 콘텐츠를 이용할 수 있다.

▶ 네트워크 상 멀리 있는 노드가 아닌 근거리에 있는 노드에서 콘텐츠를 검색할 수 있어서 웹페이지의 액세스 속도가 빨라진다.

CHAPTER 07

경우에 따른
NFT 민팅 조건

이미 존재하는 이더리움 계약에 새로운 NFT를 생성할 때 따라야
하는 표준은 딱히 정해져 있지 않다. NFT를 관리하는 스마트 컨트랙
트 생성자가 아이디어를 제시하고 솔리디티_{Solidity} 프로그래밍 언어만
사용하면 새로운 NFT를 생성할 수 있다(**CHAPTER 29** 참조). 스마트 컨
트랙트에서 새로운 NFT를 생성하는 과정을 민팅이라 한다. 민팅은
스마트 컨트랙트를 실행하고 거래 수수료를 지불하는, 새로운 거래의
결과물이라 할 수 있다. 실제로 새로운 블록이 생성될 때 자동으로 생
성되는 암호화폐(**CHAPTER 24** 참조)와 달리 이더리움 블록체인을 기반
으로 하는 스마트 컨트랙트의 상태를 변경하려면 사용자가 직접 실행
해야 한다.

소유권 증명을 위한 NFT

NFT는 소유권 증서로 사용할 수 있다. 예를 들면 그림이나 사진 같은 디지털 아트의 소유권을 증명하는 데 NFT를 이용할 수 있다. 이를 위해서는 NFT 이미지를 생성하고 해당 이미지의 고유한 특성을 명시한 스마트 컨트랙트의 민트Mint 함수를 호출해야 한다. 이것이 이미지의 해시값이 될 수 있는데 이렇게 NFT를 생성하기 위해 해시값이 사용되면 스마트 컨트랙트에서 동일한 해시값을 다시 사용할 수 없다.

민트 함수가 성공적으로 호출되면 새로운 토큰이 발행되고 함수를 호출한 사용자는 그 NFT의 소유자가 된다. 파일의 해시값을 실행하고 그 해시값이 NFT 생성 시 지정된 해시값과 일치하면 누구나 NFT 이미지를 확인할 수 있다. 이렇게 생성된 새로운 NFT는 이후 ERC-721(**CHAPTER 35** 참조)에서 정의한 표준에 따라 거래될 수 있다.

특정한 이벤트를 위해 NFT를 생성하는 경우

NFT를 생성힐 수 있는 또 다른 방법은 특정한 사용자 목록에 새로운 NFT를 발행할 수 있는 권한을 예약해두는 것이다. 이 목록은 그 자체로 관리되거나 스마트 컨트랙트가 생성될 때 최종적으로 정해진다. 스마트 컨트랙트는 새로운 NFT를 생성할 수 있는 자격이 있는 사용자만을 승인하고 'mint' 함수를 관리하는 역할을 한다. 그래서 한 이벤트의 입장권을 NFT로 발행하는 경우, 행사 주관사만이 NFT 티켓을 발행할 수 있는 권리를 가진다. 따라서 주관사는 발행되는 NFT 수량을 전적으로 관리하고 필요한 경우 NFT를 발행하기 전에 보상을 받았는지 여부를 확인한다.

한편, 보상을 제대로 받았는지도 스마트 컨트랙트로 관리할 수 있다. 실제로 스마트 컨트랙트는 이더리움 주소를 갖고 있는 네트워크의 한 객체다(**CHAPTER 28** 참조). 따라서 NFT를 발행할 수 있는 권한을 가진다. 또한 스마트 컨트랙트 자체가 이더, ERC-20 토큰 또는 그 외 NFT를 보상으로 받을 수 있으므로 거래의 보증 역할을 할 수 있다.

완전한 통제하에 NFT를 생성하는 경우

새로운 NFT를 생성하기 위해 사용자가 의무적으로 거래를 실행하는 경우, 사용자의 역할은 시스템의 요구에 따라 완전히 통제될 수 있다. 사용자는 그저 등록만 할 뿐 NFT 발행의 시기도, 조건도, 특성도 결정하지 못한다. 스마트 컨트랙트에서 시행되는 복권을 예로 들어보자. 각 복권 참여 티켓은 하나의 NFT로 볼 수 있다. 한정된 숫자로 티켓을 발행하려 한다면 계약 생성 시 설정된 티켓 수를 매일 생성하는 계약에서 'mint' 함수로 호출해야 한다.

스마트 컨트랙트는 블록체인 상에서 실행되는 컴퓨터프로그램이다. 이 스마트 컨트랙트 안에는 여러 가지 기능을 제공하는 함수가 있는데 'mint' 함수는 새로운 NFT를 생성할 수 있는 기능을 제공한다. 'mint' 함수는 생성 가능한 NFT의 수가 제한되어 있기 때문에 미리 설정한 개수만큼만 NFT를 생성할 수 있다. 따라서 'mint' 함수는 호출 횟수나 사용자와 관계없이 하루에 한 번만 호출할 수 있고 한정된 숫자로만 NFT를 발행할 수 있다. 물론 'mint' 함수를 호출하는 사용자는 거래 수수료를 내야 하고 사용자는 시스템을 활성화한 대가로 무료 티켓과 같은 보상을 받을 수 있다.

토큰의 폐기

토큰의 생성이 표준화되지 않은 것처럼, 토큰 폐기도 마찬가지다. 토큰은 무기한으로 존재할 수도 있고 설정된 기간에만 한시적으로 존재할 수도 있다. 일례로 어떤 토큰은 생성된 후, 특정한 숫자의 새로운 블록이 검증되면 자동으로 폐기된다. 물론 스마트 컨트랙트는 필요하다면 토큰의 폐기를 미리 알린다. 토큰의 폐기는 또 다른 방식, 예를 들면 관리자의 권한으로 실행될 수도 있다. 또한 서로 경쟁하고 제거할 수 있는 계약으로 관리되는 토큰으로 실행되는 게임도 생각해볼 수 있다.

'크립토키티'를 생성하는 경우

크립토키티는 새로운 토큰을 생성할 수 있는 두 가지 메커니즘을 가진 계약으로 관리된다(**CHAPTER 08** 참조). 첫 번째 메커니즘은 관리자와 계약의 주소를 알고 있는 사용자만이 NFT를 생성할 수 있는 방식이다. 사용자는 선택에 따라 NFT에 고유한 특성을 주어 새로운 토큰을 생성할 수 있다. 그러나 이 메커니즘을 통해 생성할 수 있는 토큰의 수는 계약 생성 시 4만 5,000개로 제한되어 있는데 이는 가장 공정한 시스템을 유지하고 악용을 방지하기 위한 조치이기도 하다.

크립토키티의 두 번째 메커니즘은 암컷 크립토키티와 수컷 크립토키티를 서로 결합하는 방식이다. 이를 위해서 암컷 크립토키티와 수컷 크립토키티의 소유자가 거래에 서명하고 동의해야 한다. 임신 기간을 거친 후, 암컷 크립토키티는 부모의 특성을 무작위로 물려받은 새로운 NFT를 생성하는데 이렇게 생성된 NFT는 암컷 크립토키티 소유자에게 돌아간다.

PART
2

글로벌 비즈니스는
NFT를 중심으로 재편된다

2파트에서는 게임, 예술, 스포츠 산업, 패션, 경마, 카지노 등 다양한 분야에서 사용되는 NFT로는 어떤 것이 있는지 구체적으로 알아볼 수 있다. 특히 최근 NFT가 게임에서 사용되고 있는 만큼 그 사례를 좀 더 깊게 알아볼 수 있다. 다양하게 활용되는 NFT를 살피다 보면 좀 더 넓은 세계에서 활용 가능한 NFT의 확장성에 대해서도 이해하게 될 수 있다.

CHAPTER 08

여전히
크립토키티

2017년, 엑시엄젠Axiom Zen은 블록체인 기반 고양이 육성 게임인 크립토키티를 출시했다. 크립토키티는 출시되자마자 인터넷에서 선풍적 인기를 끌었고 첫손에 꼽히는 NFT 성공 사례로 자리매김했다.

크립토키티 캐릭터의 매매 및 교환에는 이더리움이 사용되기 때문에 캐릭터의 거래 내역을 확인할 수 있고 거래의 유효성이 보장되며 누가 어떤 캐릭터를 가졌는지를 언제든 조회할 수 있다. 기술적 측면에서 크립토키티는 'NFT가 소유권 증명서의 역할을 하는 512비트의 가상 캐릭터 수집 게임'이다. 이어서 512비트로 어떻게 고양이 이미지를 자동으로 생성하는지, 나아가 스마트 컨트랙트(**CHAPTER 28** 참조)를 통해 어떻게 가계도를 만드는지에 대해 알아볼 것이다.

크립토키티의 특징

그림 8.1 E. 루데(E.Roudeix)가 소유한 '크립토키티 #517952'다.*

크립토키티는 부모 세대의 유전적 특성, 생년월일 등의 256비트 유전 코드(눈 색, 털 색, 꼬리 모양 등)를 포함하고 있는 512비트의 데이터 모음이다. 오른쪽 페이지의 그림은 '크립토키티 #517952'의 부모다. 부모의 모습을 자세히 보면, 아빠 고양이는 크립토키티 #517810이고** 엄마 고양이는 크립토키티 #517135이다.*** 이 둘의 '결합'에서 탄생한 새끼 고양이는 유전적 교배를 통해 부모의 특성을 물려받는다.

새끼 고양이의 256비트 고유 게놈은 블록으로 묶여 있으며 각 블록은 네 개의 유전자를 포함하고 있다. 하나의 유전자는 5비트로 코딩된다. 네 개 유전자의 각 블록은 고양이의 털 색깔, 무늬의 형태와

- • www.cryptokitties.co/kitty/517952
- •• www.cryptokitties.co/kitty/517810
- ••• www.cryptokitties.co/kitty/517135

그림 8.2 왼쪽은 크립토키티 #517952의 아빠 고양이, 오른쪽은 엄마 고양이다.

색깔, 눈의 형태와 색깔, 입 모양, 체형, 번식력 등의 특성을 보유하고 있다. 그리고 네 개의 유전자 중 하나는 발현된 유전자, 세 개는 숨겨진 유전자다. 발현된 유전자는 고양이의 외형에 드러나고 숨겨진 유전자는 겉으로 보이지는 않지만, 고양이가 새끼를 낳으면 유전될 수 있다.

발현된 유전자의 주요한 특성이 유전될 확률은 75%지만, 숨겨진 유전자의 특성이 유전될 확률은 25%밖에 되지 않는다. 게놈 이외에도 크립토키티의 256비트 유전 코드를 통해 고양이의 생년월일을 비롯해 부모 고양이와 번식력에 관한 정보를 얻을 수 있다.

솔리디티 언어를 사용하는 크립토키티의 특성

크립토키티는 캐릭터 외형에 대한 상세한 설명과 캐릭터의 생년월일, 유전적 특성, 번식력 등의 정보가 포함된 디지털 파일이다. 캐릭터 이미지는 캐릭터의 유전자에 의해 생성되는데, 이는 512비트의 데이터 중 일부로 인식된다. 예를 들어 캐릭터 이미지의 색깔, 크기, 얼굴 모양 등은 유전자에 의해 결정되는 것이다. 이러한 정보는 512비트의 모든 데이터로 구성되고, 이더리움 블록체인 프로그래밍 언어인 솔리디티 언어로 구현된 객체에 통합된다.

크립토키티 스마트 컨트랙트

크립토키티 #517952를 분석해보면 크립토키티의 작동 방식을 이해할 수 있다. 이더리움 블록체인에서 실행되는 모든 액션과 정보를 쉽게 검색할 수 있는 블록 익스플로러인 이더스캔Etherscan(이더리움 블록체인에서 가장 많이 사용된다)을 이용하면 크립토키티 스마트 컨트랙트가 2017년 11월 23일에 시작되었음을 알 수 있다.* 크립토키티를 생성하는 거래는 스마트 컨트랙트(**CHAPTER 28** 참조)를 기반으로 작동한다.

● etherscan.io

이 계약은 크립토키티의 생성과 모든 특성을 결정한다. 거래의 세부사항, 특히 관련 스마트 컨트랙트 코드는 공개적으로 액세스할 수 있다. 그리고 계약 배포 시, 계약에 이더리움 주소가 할당된다. 이 경우 이더리움 주소는 0x06012c8cf97BEaD5deAe237070F9587f8E7A266d이다. 다른 이더리움 주소와 마찬가지로 이 주소를 통해 계약 계정에서 이더$_{ETH}$를 수령할 수 있다. 계약에 예치된 이더를 사용하려면 계약 생성 시 설정한 함수가 실행되어야 한다. 예치된 이더를 사용할 수 있는 함수를 실행하면 함수 내에 정의된 코드가 실행되어 계약에 예치된 이더를 사용할 수 있다.

크립토키티 계약의 소스코드 세부 사항을 보면 고양이를 표현하는 구조를 알 수 있다. 크립토키티 계약 코드에서는 크립토키티 데이터 이외에도 다수의 정보에 접근할 수 있는데, 다음과 같이 계약을 통해 실행되는 여러 기능에 대한 정보를 얻을 수 있다.

▶ 생성된 모든 크립토키티가 저장된 테이블. 테이블 항목(321행).

```
Kitty[] kitties;
```

▶ 고양이의 아이디를 소유자의 주소로 매핑해주는 매핑Mapping 변수. 누가 이 고양이를 가지고 있는지 추적할 수 있다(325행).

```
mapping(uint256 =) address) public kittyIndexToOwner;
```

▶ 부모 고양이의 게놈(유전자)을 결합해 새로운 NFT 유전자 생성. 열성 및 우성에 따라 유전자와 돌연변이가 교체(발현)되고 이 특성은 엄마 고양이나 아빠 고양

이의 유전자 중에서 선택된다(1049행).[*]

```
uint256 childGenes = geneScience.mixGenes([...]);
```

▶ 임신한 암컷의 출산 시작(1024행, givebirth 함수) 및 엄마 고양이 소유자에게 새로운 NFT 할당(1052행).

```
function giveBirth(uint256 _matronId) external whenNotPaused
returns(uint256)
{
   // [...]
   address owner = kittyIndexToOwner[_matronId] ;
   // [...]
}
```

▶ 0세대 크립토키티를 생성하는 또 다른 방식(1836행, createGen0Auction 함수). 0세대 고양이는 4만 5,000개까지 생성할 수 있고 이 숫자가 초과되면 이 기능은 더 이상 실행되지 않는다(1837행 끝부분).

```
function createGen0Auction(uint256 _genes) external onlyCOO {
   require(gen0CreatedCount < GEN0_CREATION_LIMIT);
   // [...]
}
```

또한 이더스캔은 데이터를 읽고[Read A Contract] 계약의 함수를 직접 호출할 수 있는 인터페이스를 제공하므로 블록체인 시스템을 통해 해당 작업을 실행시킬 수 있다. 따라서 크립토키티 계약에서 설정된 기능을 블록체인에서 실행시킬 수 있다.[**] 한편 크립토키티 캐릭터 이

•   medium.com/@sean.soria/cryptokitties-mixgenes-function-69207883fc80

••   etherscan.io/address/0x06012c8cf97bead5deae237070f9587f8e7a266d#readContract

미지는 블록체인이 아닌 전용 애플리케이션을 통해 크립토키티 게놈 (유전자) 데이터를 토대로 생성된다. 이때, 부모의 유전자와 일정 확률에 따라 NFT 이미지가 생성되며 각 크립토키티의 게놈 데이터는 크립토키티의 스마트 컨트랙트를 통해 확인할 수 있다.

이렇게 블록체인은 NFT, 특히 크립토키티의 기반이라 할 수 있다. 실제로 크립토키티의 경우 블록체인을 통해 누가 크립토키티(보다 정확하게는 관련 NFT)를 소유하고 있는지 알 수 있다. 또한 원하는 누구든 스마트 컨트랙트로 관리되는 고유한 프로세스로 크립토키티를 생성하고 번식시킬 수 있다.

CHAPTER 09

NFT로 바뀌는
예술 시장

미술품 시장은 몇몇 거대 주체(미술품 경매 회사, 갤러리, 베테랑 컬렉터)들이 장악하고 있으며 예술에 조예가 깊은 부유층의 전유물처럼 여겨진다. 미술품 경매가는 종종 최고 기록을 경신하곤 하는데, 2017년 레오나르도 다빈치Leonardo da Vinci의 작품이 4억 5,000만 달러에 팔렸고 2019년에는 제프 쿤스Jeff Koons의 「토끼」가 9,100만 달러에 팔렸다.

그러나 이런 유명 작품의 경매를 제외하면 2010년부터 미술품 시장은 비교적 안정적인 상태를 유지하고 있다. 미술품 온라인 판매 총액은 2019년에서 2020년 사이에 두 배로 증가했고 갤러리, 미술상, 경매 회사의 미술품 판매 중 25% 가까이 차지하면서 몸집을 키우고 있다. 그럼에도 미술품 유통 구조 자체가 투명하지 않다는 오명은 더 많은 대중의 관심을 끄는 데 걸림돌이 되고 있을 뿐만 아니라 미술품에 대한 신뢰와 평판을 크게 위협하고 있다.

이런 미술품 시장을 개선하기 위해 블록체인과 NFT를 사용할 수 있다. 실제로 미술품 시장에는 인프라가 부족한 실정이기 때문이다. 작품의 진위, 거래 내역, 소유자의 상속 여부, 작품의 가치, 작품의 가격, 가격 변동과 같이 한 작품의 이력 추적을 보장하는 세계적으로 권위 있는 기관이 전무하다. 그런데 이런 정보들은 예술가를 비롯해 판매자와 구매자에게 없어서는 안 되는 가장 중요한 정보다. 그래서 구매자와 판매자는 이런 정보를 독점하고 있는 중개인을 신뢰할 수밖에 없다. 이런 독점구조는 미술 시장의 발전을 저해하고 새롭게 진입하는 투자자와 컬렉터의 불신을 불러일으킨다. 그리고 그 피해는 고스란히 예술가들에게 돌아간다.

분산 저장된 진품 증명서에 기록된 정보는 위조가 불가능하기 때문에 분실되거나 손상될 위험이 있는 종이로 된 증명서보다 훨씬 더 신뢰할 수 있으며 온라인으로 신속하게 전송할 수 있다. 따라서 고유하고 대체가 불가능한 NFT(**CHAPTER 01** 참조)는 미술 시장의 발전에 기여할 수 있다.

NFT를 이용하면 하나 또는 여러 개의 작품에 특성을 부여할 수 있다. 즉, 소유권 증명서라 할 수 있는 작가나 작품을 식별하는 문자열이 있는 NFT를 생성할 수 있다. 이런 NFT는 블록체인에 저장되어 위·변조가 불가능한 데이터와 해당 작품의 거래를 등록한다. NFT를 통해 여러 이해 당사자들의 신원이 보장되므로 업계의 투명성이 보장된다. 또한 일부에게만 정보가 제공되는 기존 미술품 시장과 달리 구매자나 판매자가 모두 동일하게 작품에 관련된 정보를 획득할 수 있다. 작품에 관한 중요한 정보가 안정적으로 제공되면 미술품 시장의 고질적인 문제였던 신뢰 부재의 문제가 부분적으로나마 해결될 수 있다.

블록체인, 특히 NFT는 미술품 시장에 신뢰를 형성하는 것뿐만 아니라 애플리케이션을 이용한 솔루션을 제공해줄 수도 있다. 이런 애플리케이션은 블록체인과 NFT를 이용해 미술품 시장의 구조를 변화시키고 있다. 우선 작품의 분할 소유Fractional Ownership가 가능해졌을 뿐만 아니라 중개자의 개입 없이 예술가, 구매자, 판매자를 이어줄 수 있는 블록체인 솔루션이 등장할 가능성이 열렸기 때문이다.

작품의 진품 증명과 거래 이력 관리에 활용되는 NFT

2018년까지만 해도 블록체인을 기반으로 한 미술작품 온라인 판매 제공 업체는 전무했다. 그러나 2019년에는 블록체인 솔루션을 제공하는 온라인 판매 업체는 7%였고, 2020년에는 11%로 증가했다. 게다가 30%는 블록체인을 기반으로 한 온라인 판매를 준비하고 있다. 작품의 거래 이력 관리, 특히 미술품 가격에 관련된 시장의 투명성에 대한 요구가 높아지면서 블록체인 기술은 미술품 시장에 새로운 바람을 일으키고 있다.

2020년 기준, 온라인 미술품 판매 플랫폼 중 35%가 작품을 거래할 때 암호화폐 결제를 허용하고 있다. 2019년에 그 비율이 20%였던 것을 감안하면 고무적인 수치다. 미술품 시장에 디지털 바람이 불면서 블록체인 기술을 기반으로 예술과 재테크를 결합한 아트테크Arttech를 제안하는 스타트업들도 속속 등장하기 시작했다. 이런 스타트업들 중 일부는 미술품 시장에서 유통되는 작품의 진품 증명 및 거래 이력 정보를 제공하고 불법복제 방지를 위해 디지털 아트의 진품 여부를 인증해주는 아토리Artory, 베리스아트Verisart, 코덱스Codex, 룩래트럴Look Lateral, 포아트테크놀로지4ARTechnologies, 시즈아트Seezart 같은 기업과 협업하고 있다.*

　이런 플랫폼에서는 블록체인 기술을 기반으로 미술품의 소유권 등록 및 작품에 관련된(작품 창작, 판매, 복원 여부, 과거 판매 이력, 대여, 작품의 사진 촬영 여부) 정보를 제공한다. 또한 이런 플랫폼의 대부분은 예술가, 갤러리 운영자, 경매 회사, 구매자, 컬렉터와 같은 이해 관계자들의 참여를 기반으로 작동한다. 블록체인을 이용하면 민감한 개인정보를 드러내지 않고도 사진, 감정평가서, 과거 판매 이력 등을 포함해 이해 관계자들이 원하는 모든 정보를 저장할 수 있다. 간단히 말해 블록체인을 이용하면 작품의 중요 정보(작가명, 작품 제목, 제작일, 작품 크기, 작품 재료, 복제된 수, 작품 상태가 기록된 사진, 작품의 현재 위치, 전시회 참가 여부 등)와 작품의 다양

---

* www.artory.com, verisart.com, codexprotocol.com, www.looklateral.com, www.4art-technologies. com, seezart.com

한 거래 이력(판매 이력, 소유자 변경, 지속적 가치 평가)을 등록할 수 있다.

이런 분산 등록을 통해 웹사이트에 통합된 검색 도구를 이용하면 누구나 작품에 관한 정보를 확인할 수 있다. 블록체인을 사용하면 작품에 관련된 데이터에 훨씬 더 쉽게 접근할 수 있고 데이터 위조가 불가능하기 때문에 기존의 거래 이력보다 더 신뢰도가 높다. 한편 플랫폼에서 실행되는 모든 거래는 네트워크에서 검증되고 위조나 변조가 되지 않는다. 이런 플랫폼은 작품의 등록과 거래 이력 관리를 위해 이더리움 네트워크를 이용하고 전용 암호화폐를 비롯해 상당히 복합적인 솔루션을 제공한다.

암호화폐의 발행이 초기 자금 모집을 통해 이루어진다면, 이런 플랫폼에서는 투자자들이 법정화폐나 암호화폐로 토큰을 구매하기로 약정하고 플랫폼 구축에 기여한 대가로 거래 가능한 토큰을 획득한다. 예를 들어 코덱스Codex는 다음과 같은 두 가지 토큰을 발행한다.[*]

1. 비드덱스BidDex: ERC-20(CHAPTER 34 참조)과 호환되며 플랫폼에서 거래하는 데 사용되는 토큰

2. 코덱스 타이틀CT, Codex Title: 플랫폼에 등록된 미술품의 디지털 소유권에 사용되는 NFT[**]

---

[*] codexprotocol.com/wp-content/uploads/2020/01/Codex-Whitepaper-Draft-AC-Master-20180329-1.pdf

[**] etherscan.io/address/0x8853b05833029e3cf8d3cbb592f9784fa43d2a79#code

두 가지 토큰이 상호작용하려면 같은 블록체인에 구축되어야 한다. 코덱스 타이틀은 NFT로 작품의 고유성과 그에 대한 소유권을 보증한다. 한편 비드덱스 토큰은 플랫폼에서 정보를 전송, 제공, 기록, 또는 수정할 수 있게 해준다. 경매 회사, 미술품 딜러, 갤러리 운영자의 플랫폼 참여를 유도하기 위해 '보상'으로 지급되는 토큰도 바로 비드덱스다. 아트테크 스타트업 중에서도 프랑스 릴에서 설립된 시즈아트는 NFT를 이용해 작품을 식별하고 갤러리에서 작품을 판매하면 해당 아티스트에게 그 사실을 통보한다. 또 다른 스타트업 아토리는 블록체인에 등록된 정보를 검증해주는 전문가 풀을 보유하고 있다.

반면 코덱스와 베리스아트는 관리를 엄격하게 하지 못하는 바람에 여론의 뭇매를 맞기도 했다. 일례로 2019년 6월, 디지털 업계의 세계적 유명인사인 테런스 이던 Terence Eden 은 베리스아트 네트워크에 레오나르도 다빈치의 「모나리자」의 소유자로 자신을 등록했고 이를 증명하는 인증서를 발급받았다.• 베리스아트는 실제 소유 여부와 관계없이 타임스탬프만 있으면 소유권이 증명된다고 강조했던 터였다. 이 사건으로 이런 유형의 플랫폼에 등록되는 데이터가 제대로 검증되고 있는지에 대한 문제가 불거졌다.

실제 미술품을 블록체인 데이터에 결합하는 과정에서 문제가 발생

• 「모나리자」는 레오나르도 다빈치가 1506년경에 완성한 작품이지만, 9a500fdc1e218ba8 3b4372f2110f044a63c89913887ae8047ad5a4195e6d5156 거래는 2018년 6월 11일 13시 15분에 비트코인 네트워크에 등록되었다(verisart.com/works/23f2c64a-08c6-4a42-8013-84ac8422dffb).

그림 9.1 2021년 3월 11일, 크리스티 온라인 경매에서 6,930만 달러에 낙찰된 비플의 NFT 「매일: 첫 5,000
일(Everydays: The First 5,000 Days)」
© 크리스티

할 수밖에 없고 이를 해결하기 위해 많은 솔루션이 제안되고 있다. 그
중에서도 밸류프로토콜Value Protocol, 더스트아이덴티티Dust Identity[*], 태그스
마트Tagsmart[**]는 미술품에 스탬프와 QR코드를 첨부해 태그를 생성하
고 증명서와 디지털 패스를 발급해 블록체인에서 조회할 수 있는 솔
루션을 제안한다. 따라서 NFT 기술을 이용해 디지털 창작물(영화, 컴
퓨터 그래픽, 그림 등)의 진품 여부를 인증하고 복사본과 원본을 구분할
수 있다. 이 분야는 한창 성장하고 있으며 소유권에 관련된 NFT 기
술에서 발생할 수 있는 문제에 대한 적절한 솔루션을 마련할 것이다.

•   dustidentity.com
••   tagsmart.com

한편 경매 회사 크리스티는 2021년 3월, 비플의 디지털 아트를 경매로 6,930만 달러에 판매하면서 NFT 분야에 진출했다. 이 역사적인 경매 덕분에 비플은 이후 데이비드 호크니David Hockney와 제프 쿤스의 뒤를 이어 세계에서 가장 비싼 작품을 판 현존하는 세 명의 예술가 중 하나로 꼽히게 되었다.

음악계에서 NFT는 어떻게 사용될까

음악계 역시 NFT가 가져온 혁신을 경험했다. 실제로 그림, 의상, 또는 벽화와 마찬가지로 음악 작품 역시 NFT의 모든 특성이 있다. 한 곡의 음악 역시 특정한 요소로 구성된 고유한 대상이기 때문이다. 따라서 음악 작품도 미술 작품처럼 NFT 기술을 적용할 수 있다. 음악 전용 NFT 플랫폼이 등장한 것은 이와 무관하지 않다.

2021년 2월 니프티 게이트웨이* 마켓플레이스에서 일렉트로닉 뮤지션 그라임스Grimes의 음악은 48시간이 채 되기도 전에 수백만 달러에 판매됐다. 또한 미국의 록 밴드 린킨파크Linkin Park의 멤버 마이크 시노다Mike Shinoda는 테조스Tezos**에 자신의 NFT 음악을 등록하고 이를 조

• niftygateway.com
•• 테조스는 암호화폐 프로젝트 중 하나로, 의사결정 문제에 있어 토큰을 소유한 커뮤니티의 요구에 따라 거버넌스의 규칙을 바꿀 수 있는, 자체 수정이 가능한 프로토콜을 설계했다. 이더리움, 솔라나 등과 같은 플랫폼 코인들과 경쟁한다.

라_{Zora} 마켓플레이스에 내놓았다.[•] 미국의 록 밴드 킹스 오브 리온_{Kings of Leon} 역시 2021년 3월, NFT 형식으로 앨범을 발매했고 이를 구매한 사람들 중 추첨을 통해 공연에 VIP로 초대했다. 이 외에도 캐나다의 싱어송라이터 위켄드_{The Weeknd}와 영국 뮤지션 에이펙스 트윈_{Aphex Twin} 역시 NFT 플랫폼을 통해 콘텐츠를 판매했다. 2021년 11월 18일, 프랑스 뮤지션 다비드 게타_{David Guetta}는 자선기금 마련을 위해 온라인 라이브 스트리밍 콘서트 〈집에서 만나요_{United at Home}〉를 경매에 올리기도 했다. 음악 플랫폼 피아니티_{Pianity} ^{••}는 아티스트와 팬이 만나 음악을 만들고 수집하고 거래할 수 있는 공간을 제공한다. 이 플랫폼은 탈중앙화된 데이터 저장소인 알위브_{Arweave} ^{•••} 네트워크를 이용해 참여자들의 NFT 소유권 보존 문제를 해결하고 있다. 이처럼 NFT는 음악계에 이미 새로운 바람을 불러일으키고 있다.

• zoramusic.com
•• pianity.com/fr
••• www.arweave.org/yellow-paper.pdf

CHAPTER 10

NFT 덕에 더 커진
게임 마켓

　수년 전부터 비디오 게임 개발사들은 단순히 제품 판매를 넘어 비즈니스 모델을 확장하기 위해 다각도로 노력을 기울여왔다. 게임 개발사는 유저들이 DLC(게임의 확장 콘텐츠), 특수 아이템(전략게임이나 월드 오브 워크래프트 같은 MMORPG 게임에서 제공되는 참신한 무기 또는 아이템), 유료 아이템(캔디 크러시 같은 게임에서 기다리지 않고 게임을 지속하기 위한 유료 아이템), 또는 암호화폐(포트나이트 같은 게임에서 아바타를 꾸미거나 게임의 진행 속도를 빠르게 하는 데 사용됨) 등을 추가로 구매하도록 유도하고 있다.

　이를 통해 게임 개발사가 의도하는 것은 유저들이 활발한 커뮤니티 활동을 하며 게임을 보다 강렬하게 체험하고 게임에 싫증을 느끼는 순간을 최대한 늦추는 것이다. 이렇게 게임에 적용된 NFT 기술은 거래 아이템의 고유성과 소유권을 보증하면서 게임 아이템 거래 시장에 혁신을 가져오기 시작했다.

NFT 게임은 블록체인에 기반하고 있으며 거버넌스가 탈중앙화되어 있고 스마트 컨트랙트(**CHAPTER 28** 참조)로 관리되는 비디오 게임으로, 유저들은 게임을 하며 전용 NFT를 수집할 수 있다. 이런 게임 내 자산은 유저가 게임 레벨을 높이는 데 필수적인 요소이며 게임의 규칙과 메커니즘뿐만 아니라 유저 간 상호작용을 할 때도 사용된다. 유저들에게 암호화폐를 보상으로 직접 지급할 수 있고 차후 판매 시 수익이 발생할 수 있는 NFT를 수집하도록 하는 것도 가능하다.

엑시 인피니티 게임

NFT 기술을 이용한 비디오 게임의 새로운 비즈니스 모델을 가장 잘 보여주는 사례는 베트남의 게임 개발사 스카이마비스_{Sky Mavis}가 2018년 출시한 엑시 인피니티다.•

포켓몬에서 영감을 받은 엑시 인피니티는 상대와 전투를 할 수 있는 다양한 능력을 가진 엑시즈_{Axies} 캐릭터를 NFT 형태로 수집하는 게임이다. 엑시즈는 눈, 입, 귀, 뿔, 등 껍데기, 꼬리 등을 모두 다르게 조합할 수 있고 500개가 넘는 엑시즈의 각 부분을 어떻게 구성하느

• axieinfinity.com

그림 10.1 엑시 인피니티의 그래픽 이미지

©스카이마비스

나에 따라 능력치가 달라지게 된다. 또한 여섯 가지 클래스(아쿠아, 비스트, 버드, 버그, 플랜트, 렙타일)로 종류가 나뉜다. 다른 수집형 카드와 마찬가지로 엑시즈는 일반, 희귀, 초희귀, 레전드로 분류된다. 게임 유저는 전투하거나 수집하거나 캐릭터를 육성하며 가상의 왕국(랜드)을 건설할 수 있다.

엑시 인피니티 게임을 시작하려면 먼저 이더로 대체 불가능 토큰 ERC-721(**CHAPTER 35** 참조) 형태의 엑시즈를 최소한 세 개는 구매해야 한다.*

게임을 실행하고 퀘스트를 진행하면 유저는 게임 내 ERC-20 토큰(**CHAPTER 34** 참조)을 바탕으로 SLPSmooth Love Potions와 같은 특수 아이템을 획득할 수 있고 이후 해당 아이템을 이더 등으로 거래할 수 있다. 또한 거버넌스 토큰인 AXSAxie Infinity Shards로 게임 내에서 의사결정에 참여하거나 아이템을 구매할 수도 있다. 기술적으로 볼 때 AXS 역시 ERC-20 토큰이다. 엑시 인피니티에서 획득할 수 있는 세 가지 형태의 토큰은 〈표 10.1〉에 상세하게 제시되어 있다.

　대체 가능 토큰WETH, SLP, AXS이든 대체 불가능 토큰Axies이든 게임을 하는 데 필요한 다양한 가상자산을 저장하려면 로닌 월렛Ronin Wallet이라는 전자지갑이 필요하다. 이 전자지갑 주소는 지갑 주소 맨 앞이 'ronin:'으로 시작하는 특징이 있다.** 2021년 2월에 출시된 론RON은 엑시 인피니티를 위해 특별히 구축된 이더리움의 사이드체인이다 (**CHAPTER 22** 참조).*** 다시 말해 로닌은 고유한 채굴자(여기서는 검증자), 네트워크의 고유한 합의 알고리즘(권위증명방식, **CHAPTER 23** 참조), 메인 블록체인(이 경우에는 이더리움 메인넷)을 연결해주는 브리지를 갖춘 하위체인으로 메인체인 옆에 나란히 붙어 작동한다.**** 로닌이 사이드체인이라고는 하지만 이 역시 이더리움 가상 머신EVM에 기반하고 있

- 다른 ERC-20 표준(CHAPTER 37 참조) 토큰들과 호환하기 위해 이더를 ERC-20 토큰 형태로 래핑한 WETH(Wrapped Ether)를 사용한다. ETH(이더)를 래핑하면 스마트 컨트랙트를 통해 WETH 불리는 토큰을 1:1 비율로 교환할 수 있다. 반대로 WETH는 동일한 스마트 컨트랙트를 통해 '언래핑'되거나 1:1 비율로 다시 ETH로 교환할 수 있다. 이더리움 블록체인의 기본 통화인 이더는 ERC-20 표준 및 그 후속 표준이 생기기 전에 생성되었기 때문에 ETH를 자유롭게 다른 토큰들과 교환하기 위해서는 이런 과정이 필수적이었다. 이렇게 ETH 자체는 ERC-20 표준과 호환되지 않으므로 신뢰할 수 있는 제3의 기관이 개입되지 않거나 복잡한 기술이 구현되지 않으면 탈중앙화 시스템에서 다른 ERC-20 토큰과 직접 교환될 수 없다.
- ** ronin:3c4a900e2e3488e4f07c4395dbb8a76d78e23f65. 잘못된 이더리움 주소로 자산이 전송되는 것을 방지하기 위해서는 WETH 전송 시 주소의 접두어를 유지하는 것이 매우 중요하다.
- *** whitepaper.axieinfinity.com/technology/ronin-ethereum-sidechain

게임명	영향을 받은 게임	토큰	표준
엑시 인피니티	포켓몬Pokemon (캐릭터 카드 수집)	AXIE	NFT ERC-721
		AXS	ERC-20
		SLP	ERC-20
갓즈 언체인드Gods Unchained (CHAPTER 11 참조)	하스스톤HearthStone (덱 빌딩 게임)	CARD	NFT ERC-721
		GODS	ERC-20
소레어Sorare (CHAPTER 12 참조)	파니니 카드	SOR	NFT ERC-721
샌드박스The Sandbox	마인크래프트Minecraft (메타버스 플랫폼)	LAND	NFT ERC-721
		SAND	ERC-20
		ASSET	Hybrid ERC-1155
업랜드Upland	실제 세계와 유사한 메타버스	LAND	Hybrid EOS dGoods
		UPX	Hybrid EOS dGoods

표 10.1 블록체인을 기반으로 하는 NFT 비디오 게임, 게임 내 토큰, 관련 스마트 컨트랙트의 특성

으므로 이더리움처럼 작동한다. 로닌은 이더리움 네트워크의 과부하 문제와 엑시즈 거래 시 부과되는 가스비의 상승 문제를 해결하는 데 큰 역할을 하고 있다. 그런데 이런 문제는 엑시 인피니티만의 문제가 아니라 NFT 개발 전반에 걸쳐 가장 큰 걸림돌로 작용한다(CHAPTER 22 참조).

●●●● 프로젝트의 신뢰할 만한 주요 파트너사(2020년 6월 합류한 유비소프트 또는 바이낸스)와 연결되어 있는 게임 퍼블리셔 스카이마비스의 재량에 따라 관리되는 여러 검증자는 합의를 조정하고 그에 따라 체인에 거래와 블록의 추가 여부를 결정한다. 최소한 검증자의 3분의 2가 거래나 작업을 승인해야 한다(bridge.roninchain.com).

엑시 인피니티가 사이드체인 로닌으로 바뀐 이유

로닌으로의 게임 자산 마이그레이션은 2단계 프로세스를 거쳐야 한다. 마이그레이션이란 기존 블록체인에서 다른 블록체인으로 데이터를 이전하는 것을 의미한다. 엑시 인피니티의 경우 기존 이더리움 블록체인에서 사이드체인 로닌으로 자산 데이터를 마이그레이션했다. 우선 가상 왕국 '랜드'와 인벤토리 항목이, 브리지를 통해 이더리움에서 로닌 사이드체인으로 엑시즈와 게임 자산인 AXS, SLP이 마이그레이션되었다. 기존 자산을 이더리움에 보관하려는 유저는 게임 내 대체 가능 토큰AXS, SLP을 관리하는 스마트 컨트랙트의 업데이트를 승인해야 한다.

엑시즈의 경우, 스마트 컨트랙트와 스카이마비스의 탈중앙화 오라클을 통한 관리를 통해 가상자산을 홀딩할 수 있다. 만약 계약 생성 시 이런 조항을 포함하지 않았다면 이더리움 스마트 컨트랙트 프로토콜로 엑시즈를 홀딩할 수 없었다. 그래서 마이그레이션 2단계 때 이 기능을 활성화시켰다. 또한 엑시 인피니티 마켓플레이스는 유저들이 수동으로 엑시즈를 로닌으로 마이그레이션 한 뒤 게임에서 이용하고 새로운 마켓플레이스에서 거래할 수 있도록 조치했다.

엑시 인피니티 게임 내에서 수익을 내기 위해서는 게임에서 레벨을 높이거나 엑시즈를 육성해 새로 유입된 유저에게 판매하면 된다. 이외에도 크립토키티처럼 캐릭터를 번식시켜 새로운 캐릭터를 생성할 수 있고 이를 육성한 뒤 판매하면 SLP를 획득할 수 있다.

엑시 인피니티는 이렇게 유저 간 다양한 상호작용을 통해 수익을 낼 수 있는 자체 경제 생태계를 갖추고 있다. 이런 수익 모델은 피라미드식 판매와 유사하며 이 생태계에 이미 자리를 잡은 유저는 상당한 수익을 기대할 수 있다. 실제로 2018년 9월, 10이더에 불과했던 엑시즈 #2655(Sir Gregory)는 2021년 7월 369이더(판매 당시 환율 기준 69만 2,244유로)에 판매되면서 최고 판매액을 기록했다.

엑시 인피니티가 상당한 수익을 내는 데다 게임 자체의 인기로 인해 투기의 대상이 되기는 했지만 사이드체인 로닌을 도입하면서 엑시 인피니티를 둘러싸고 불거진 보안 문제 역시 눈여겨봐야 한다. 실제로 로닌으로의 마이그레이션은 전적으로 민간 컨소시엄이 운영하는 블록체인에 게임 자산의 관리를 위탁하는 것이나 다름없기 때문이다. 그러나 갓즈 언체인드Gods Unchained(**CHAPTER 11** 참조)나 소레어 Sorare(**CHAPTER 12** 참조)가 채택한 것과 같은 새로운 솔루션을 적용한다면 이런 보안 문제를 방지하고 게임 자산 거래 처리 속도 역시 상당 부분 개선할 수 있을 것이다(**CHAPTER 22** 참조). 마지막으로 엑시즈는 이더리움 블록체인에 저장되어 있으므로 어떤 NFT 마켓플레이스에서도 계속 거래할 수 있다(**CHAPTER 18** 참조).

NFT 기반 메타버스

NFT를 기반으로 하는 여러 게임 형태 중 탈중앙화 방식으로 메타버스를 개발하고 운영하는 NFT 게임은 큰 성장세를 보이고 있다. 메타버스 게임 플랫폼에서 각 유저는 가상 토지를 매매하거나 임대할 수 있고 그저 방문만 할 수도 있다. 또한 독특한 아바타로 된 주민들과 교류할 수 있고 희귀하거나 유일한 아이템을 수집할 수도 있다.

최초의 메타버스 플랫폼은 2012년 픽스올 스튜디오가 출시한 샌드박스The Sandbox다.* 유저가 콘텐츠를 생성할 수 있는 새로운 탈중앙화 구조에서 복셀Voxel(3D 블록에서 따온 마인크래프트 픽셀과 유사)로 된 가상 세계를 제공하는 샌드박스는 유저 간 거래와 상호작용을 할 수 있는 ERC-20 토큰인 샌드SAND를 발행한다. 이제까지 총 30억 샌드가 발행되었다(다만 현재 유통 중인 샌드는 25% 미만이다). 샌드를 보유한 유저는 고유한 속성이 있는 가상의 랜드(이는 후에 다룰 디센트럴랜드의 코인과는 다르다)를 구매할 수 있다. 3D 메타버스 샌드박스의 한 구획을 나타내는 랜드는 ERC-721 토큰으로 408×408=16만 6,464LAND로 구성된 2D 지도에 배치되어 있다.

〈그림 10.2〉는 이 지도를 일부 발췌한 것이다. 유저들은 이 토지 구획을 구매하거나 임대해서 해당 구역을 원하는 대로 꾸밀 수 있다. 아티스트와 콘텐츠 제작자는 샌드박스가 제공하는 무료 3D 제작툴인

---

*   installers.sandbox.game/The_Sandbox_Whitepaper_2020.pdf

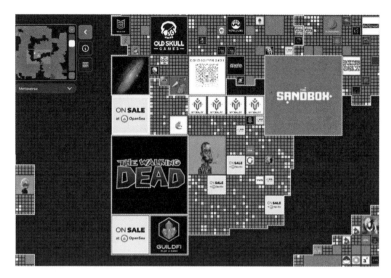

그림 10.2 샌드박스 메타버스 지도. 총 16만 6,464구획 중 검은색 구획은 아직 이용할 수 없으며 나머지 구획은 모두 게임 유저나 파트너사가 소유하고 있다.

복스에딧VoxEdit을 이용해 고유한 디지털 자산(인벤토리 아이템)이나 게임 시나리오(유저와 게임 환경 간의 상호작용)를 나타내는 애셋ASSET 토큰 형태로 게임이나 디오라마(모형)를 만든다. 그리고 이 모든 것은 게임 전용 마켓플레이스에서 채굴하거나 거래할 수 있다. 애셋은 ERC-1155 표준*을 따르는 하이브리드 토큰으로 분산형 비디오 게임 플랫폼 엔진

● 애셋(ASSET) 토큰의 기술적 특성은 다음 사이트에서 확인할 수 있다. sandboxgame.gitbook. io/the-sandbox/assets/what-are-assets. 관련된 스마트 컨트랙트는 2021년 1월 4일, 보안 감사 중에 발견되었으며 ASSET 복제를 허용하는 주요한 버그를 수정했다. 모든 애셋 토큰은 2021년 1월 16일, 새로운 스마트 컨트랙트로 마이그레이션(사실상 재분배)되었다. 이와 관련된 사용자 수는 2,684명으로 집계되었다.

Enjin과 협업해 개발했다.[*] 그 외의 토큰(ERC-20)들은 애셋의 속성 및 희귀도를 정의하는 데 사용된다.

샌드박스의 강점 중 하나는 출시되자마자 스머프, 케어베어스, 크립토키티, 아타리, 가장 최근에는 워킹 데드와 같은 인기 브랜드와 제휴를 맺었다는 것이다. 2021년 9월에는 래퍼 스눕독Snoop Dogg이 합류하기도 했다. 이들은 샌드박스의 경제적 잠재력을 높이 평가했다. 이런 파트너십을 통해 더욱 확장되고 다양해진 커뮤니티는 레어 인벤토리 아이템 및 파트너사 메타버스의 고유한 아이템을 수집할 수 있다. 또한 이 기회를 통해 게임 개발사는 경매에 내놓은 랜드의 구매를 홍보할 수 있다. 2021년 3월에는 랜드가 365만 샌드(약 88만 9,000달러)에 판매되면서 최고 판매액을 기록했다.

샌드박스의 대항마 디센트럴랜드Decentraland는 최초의 메타버스 서비스로 알려진 세컨드라이프Second Life에서 아이디어를 얻어 개발된 탈중앙화 개방형 메타버스 플랫폼이다.[**] 디센트럴랜드에서는 샌드박스와 마찬가지로 유저들이 대체 불가능 토큰(ERC-721 토큰) 형태의 토지 구획(가상의 단위로 16m×16m 크기의 랜드)을 구매할 수 있다. 랜드 한 구획을 구매하면 유저는 게임뿐만 아니라 애플리케이션, 게임에서 제공하는 서비스 또는 수익을 낼 수 있는 3D 다이내믹 장면을 만드는 등 원하는 대로 마음껏 사용할 수 있다. 랜드 이외에도 ERC-

[*] enjin.io
[**] decentraland.org

20 토큰인 마나MANA로 토지를 구매할 수 있고 메타버스 내에서 판매되는 서비스와 아이템을 거래할 수 있다. 마나 코인의 총 공급량은 2,805,886,393개로 제한되어 있다. 디센트럴랜드가 경쟁사와 차별화되는 지점은 다오DAO, Decentralized Autonomous Organization, 즉 탈중앙화 자율 조직을 기반으로 개방형 경제를 구축하려 한다는 것이다.*

커뮤니티가 주도하는 다오는 ICO 론칭 시, 게임 개발에 사용되는 마나 코인 제작 자금을 관리한다(**CHAPTER 30** 참조). 커뮤니티는 디센트럴랜드 메타버스를 관리하는 주요한 스마트 컨트랙트를 보유하고 있으므로 다오 내에서 게임의 기능을 비롯해 파트너십, NFT 발행, 승인이 필요한 제안 등 규정 변경을 위한 투표를 실행할 수 있다. 또한 커뮤니티는 스마트 컨트랙트 기술을 분석하고 발생할 수 있는 버그를 해결하며 필요할 경우 스마트 컨트랙트를 업데이트하는 보안자문위원회Security Advisory Board의 지원을 받는다. 위원회는 디센트럴랜드 회사와 커뮤니티에서 임명한 다섯 명의 위원으로 구성된다. 한편 2021년 6월, 리퍼블릭 렘Republic Realm이라는 투자사는 6만 6,304제곱미터의 가상 토지(ESTATE#4247) 중 259필지를 130만 마나 코인(91만 3,228달러)에 구입하면서 랜드 최고 판매액 기록을 깨뜨렸다.

2021년 10월 기준, 시장 규모와 거래량 측면에서 디센트럴랜드는 12만 7,394건의 랜드 거래량(샌드박스 거래량은 11만 5,422건) 및 7,900만 달러의 총 거래액(샌드박스 총 거래액은 6,100만 달러)을 기록하며 샌드박

* dao.decentraland.org/en/

스보다 조금 더 앞서 나가고 있다. 두 게임 개발사 모두 최소한의 비용으로 거래를 활성화하기 위해 폴리곤(2021년 2월까지는 매틱으로 불렸다. 폴리곤의 네이티브 토큰이 매틱인 이유가 바로 이 때문이다)[*] 사이드체인으로의 마이그레이션을 결정했다. 폴리곤 사이드체인은 다음과 같이 이더리움(CHAPTER 22 참조)에서의 거래 건수를 현저하게 증가시킬 수 있는 인터페이스 기술을 제공한다.

▶ 고유한 네트워크(폴리곤)를 갖추고 있고 자체 검증자를 보유하고 있으며 지분 증명 합의 알고리즘(CHAPTER 23 참조)에 기반하고 있다. 또한 다른 블록체인과의 자산 이동을 지원해주는 기술인 '브리지'를 사용해 메인 블록체인(이더리움 메인넷)과 자산을 주고받을 수 있다.

▶ NFT 자산 전송 관리를 위한 특정 메커니즘을 이용하는 레이어 2 블록체인이다 (플라즈마 유형, CHAPTER 22 참조).

▶ 이더리움의 고질적인 문제인 확장성 문제를 해결해줄, 영지식증명 기술인 ZK 롤업ZK-rollup을 사용하는 레이어2 블록체인이다. 이에 대해서는 뒤에서 보다 상세하게 다룰 예정이다(CHAPTER 11, CHAPTER 12 참조).

샌드박스와 디센트럴랜드가 처음으로 선택한 폴리곤 사이드체인은 엑시 인피니티가 선택한 로닌 사이드체인과 동일한 보안 제약(그러나 조금 더 낮은 수준으로)을 적용한다. 어쨌든 메타버스 부동산 게임은

● polygon.technology

메타버스 그룹Metaverse Group과 같은 대형 투자사뿐만 아니라 메타Meta와 같은 소셜네트워크 기업들의 큰 관심을 받고 있다. 실제로 페이스북은 2021년 9월, 5,000만 달러의 연구 개발 펀드를 론칭한다고 밝혔다 (이를 계기로 유럽에서 1만 명의 연구 인원을 채용할 예정이라고 밝혔다). 물론 대다수의 메타버스는 이더리움 블록체인에서 개발되지만 다른 블록체인들 역시 스마트 컨트랙트를 지원하므로 그를 기반으로 메타버스 게임을 개발할 수 있다.

또 다른 메타버스 게임으로는 업랜드Upland*가 있다. 이 게임은 현실 세계와 매우 유사한 메타버스 구축을 목표로 하고 있으며 게임 유저들은 실제 주소(유저의 가상 거주지)가 있는 필지를 구입해 가상 세계에서 원하는 대로 상상력을 펼칠 수 있고 실제 세계와 유사한 경제를 발전시킬 수 있다. 업랜드는 이오스EOS 블록체인을 기반으로 개발되었으며 UPX 토큰을 발행한다. 업랜드의 필지는 버추얼 프로퍼티 NFTVirtual Property NFT라 불리는 NFT 토큰으로 이오스 메인넷에서 정의되었으며 디굿즈 표준dGoods(CHAPTER 37 참조)을 따른다. 이 표준은 이더리움의 하이브리드 토큰 ERC-1155(CHAPTER 36 참조)와 유사하다.

* www.upland.me

F1 델타타임

앞에서 본 게임과 완전히 다른 스타일의 게임도 있다. F1 델타타임은 이더리움 블록체인을 기반으로 하는 탈중앙화 자동차 경주 시뮬레이션 게임이다. 유저들은 게임 내에서 F1 델타타임 인벤토리F1DTI라 불리는 ERC-721 NFT 토큰 형태의 자동차, 드라이버, 부품, 고유한 인벤토리 아이템을 수집할 수 있다. 이 토큰은 두 가지 형태(단독 또는 조합)로 존재하며 챔피언십 레이스에 참가한 자동차와 드라이버의 특성과 능력을 좌우한다.

게임 내에서 사용되는 암호화폐는 ERC-20 토큰 레브REVV이며, 다양한 모드를 제공한다. 게임 유저는 F1 챔피언십의 화려한 서킷에서 레이스를 벌이는 '그랑프리' 모드, 부품과 자동차를 테스트해볼 수 있는 '타임 트라이얼' 모드, 보상을 받기 위해 경주에 참여하는 '타임 트라이얼 엘리트' 모드를 선택할 수 있다. 이 게임은 또한 사용자들이 자신의 자동차를 보다 성능 좋은 부품으로 꾸밀 수 있는 아틀리에를 제공한다. 샌드박스나 디센트럴랜드와 마찬가지로 F1 델타타임 개발사는 2021년 3월 폴리곤 사이드체인으로 마이그레이션을 실행했다(**CHAPTER 37** 참조). 그러나 2022년 3월 라이선스 문제로 서비스를 종료했다.

• www.f1deltatime.com

오픈소스 탈중앙화 롤플레잉 게임

마지막으로 블록체인 기반 롤플레잉 게임RPG, Role Playing Game을 알아보자. 판타지 세계를 배경으로 이루어지는 파이널 판타지Final Fantasy 게임에서 영감을 얻은 나인 크로니클Nine Chronocles을 개발한 플라네타리움은 커뮤니티 주도형 100% 탈중앙화 무료 게임(그래픽, 아이템 보유, 게임 내에서의 상호작용 등)을 표방한다.* 따라서 게임 사용자는 누구든 립플래닛**이라는 전용 블록체인의 검증 노드가 되고 검증과 네트워크의 보안은 메인 서버가 아닌 P2P 방식으로 이루어진다. 실제로 2021년 11월 나인 크로니클의 블록체인은 해시캐시Hashcash(비트코인과 유사)를 채굴하는 작업증명을 바탕으로 구동되었다. 따라서 블록체인과 게임을 유지하는 것은 바로 게임 유저들이다.

초대 코드가 있어야만 게임에 참여할 수 있는 나인 크로니클은 현재 개발 최종 단계에 접어들었다. 실제로 각각 100개의 스테이지가 있는 두 개의 던전(지하 감옥), NFT 형태의 다양한 아이템을 생성하거나 업그레이드할 수 있는 대장간, 전투를 위한 아레나, 그리고 통합된 마켓플레이스를 제공한다. 한편 나인 크로니클은 전용 블록체인을 사용하기 때문에 게임 내 자산이 이더리움에서 인식되지 않는다는 약점을 갖고 있었다. 이 문제를 해결하기 위해 2020년 10월 립플

* nine-chronicles.com
** docs.libplanet.io

래닛 내에 체인링크(CHAPTER 34 참조)*가 통합되어 두 블록체인이 연결되었고 스마트 컨트랙트를 통해 이더리움으로 게임 정보(이벤트, 캐릭터, 유료 게임 리소스 등)를 전송할 수 있는 길이 열리게 되었다. 또한 게임 개발자들은 체인링크의 검증 가능한 랜덤함수VRF, Verifiable Random Function를 이용해 무작위 분배 공정성을 강화했다. ERC-721 표준과 호환되는 코드를 적용하면 나인 크로니클 NFT를 자체 블록체인이 아닌 다른 블록체인에서도 이용할 수 있을 것이다.

P2E 비즈니스 모델 바탕의 NFT 게임들

몇몇 NFT 게임은 어떻게 그렇게 큰 관심을 받으며 막대한 투자금을 끌어모을 수 있었을까? 이들 게임의 공통점은 무엇일까? 바로 P2EPlay to Earn 비즈니스 모델을 도입해 개방형 게임을 제안하고 게임 가상 세계에 가치를 창출하는 모든 사용자들에게 경제적 이익을 제공한다는 공통점이 있다.

NFT의 출현과 밀접한 관계가 있는 디앱 시장의 활성화로 게임 유저들은 게임 자산의 소유권을 갖게 되었고 디앱에서 가상자산을 적극적으로 이용하며 그 가치를 높일 수 있다. 또한 유저들은 게임에서 얻는 오락적 경험 이외에도 이렇게 다른 유저들과 개발자들을 위해

●   docs.chain.link/docs/chainlink-vrf/

가치를 창출할 수 있다. 그 대가로 게임 유저들은 게임에서 가상자산(특수 암호화폐 또는 NFT 리소스)을 보상받는다. 예를 들면 엑시 인피니티에서 유저들은 새로운 엑시즈를 육성하거나 되팔 수 있는 SLP 토큰을 획득할 수 있다.

이런 비즈니스 모델은 가상 스포츠 게임까지 확대되었다. NFT 축구 게임인 소레어에서는 주간 챔피언십에서 좋은 성적을 거두면 레어 카드(차후에 팀을 구성하는 데 사용하거나 되팔 수 있다)를 획득할 수 있다. 블록체인에서 실행된 거래가 등록되면 게임을 활성화하는 데 이바지하고 부가가치를 창출한 유저는 자신이 원하는 때에 자신의 가상 자산을 언제든 되팔 수 있다.

게임을 하려면 디지털 스토어에서 라이선스를 구매하거나 온라인 및 로컬 스토어에서 실물 복제본을 구매해야 하는 기존 게임(피파 같은 인기 있는 축구 게임이나 포트나이트 같은 F2P 게임)의 비즈니스 모델과 비교할 때, 이런 게임은 패러다임에 상당한 변화를 가져왔다. 소레어 같은 P2E 비즈니스 모델에서 게임 유저들은 언제든 무료로 정식 게임에 참여할 수 있지만, 게임의 진행 속도를 올리거나 캐릭터에 적용할 추가 콘텐츠 또는 특별 아이템을 획득하려면 유료 결제를 해야 한다. 한편 기존 비즈니스 모델에서 유저가 구매한 게임머니는 게임을 그만두는 즉시 소실된다. 그러나 P2E 시스템에서는 획득한 모든 자산이 일정한 가치를 지니고 있으므로 유저들이 상당 기간 게임을 하지 않더라도 소실되지 않는다.

CHAPTER 11

수집형 카드 게임과
NFT

　수집형 카드 게임(또는 트레이딩 카드 게임)은 카드의 종류가 매우 다양하고 고유한 특성(유명 아티스트가 그린 카드의 이미지)이 있으며 카드마다 희귀도가 다르고 게임 내에서 각 카드가 다른 효과를 낸다는 점에서 기존 카드 게임과 차별화된다. 유저는 덱_{Deck}이라는 카드 모음을 구성해 한 명 또는 여러 명의 상대와 대결할 때 사용하고 게임 중에 어떤 카드를 사용하느냐에 게임의 승패가 결정된다. 전략 보드게임에서 일정 부분 영향을 받은 비교적 단순한 게임 메커니즘의 전략적 측면과 영웅 판타지나 SF소설에서 영감을 받은 화려한 게임의 가상 세계를 조합하면서 이런 형태의 게임은 성공을 거두었다.

　1993년부터 인기를 끈 수집형 카드 게임인 '매직: 더 개더링_{Magic: The}

Gathering'(미국의 수학자 리처드 가필드가 개발했으며 위저드 오브 더 코스트에서 출시했다)*은 그 이름에서 알 수 있듯이 카드를 바탕으로 자신만의 덱을 만들어 상대와 대전하고, 카드 소유자들끼리 자유롭게 본인이 원하는 조건에서 카드를 거래할 수 있는 게임이다. 희귀한 카드일수록 게임에서 강력한 능력을 발휘하지만 획득하기는 어려워서 이런 카드는 마켓플레이스에서 고가에 거래된다. 이후 레전드 오브 더 파이브 링스Legend of the Five Rings, 뱀파이어: 이터널 스트러글Vampire: The Eternal Struggle과 같은 수집형 카드 게임도 출시됐다. 게임 개발사 중 일부는 세계적으로 성공을 거둔 라이선스(반지의 제왕)나 비디오 게임(포켓몬, 월드 오브 워크래프트)을 인수하기도 했다. 이에 더해 블리자드 엔터테인먼트에서는 하스스톤Hearthstone** 디지털 카드 게임에 NFT 기술을 적용하려는 시도도 했다. NFT 기술은 디지털 수집형 카드의 소유 상태를 구체적으로 보여주고 보증해줄 수 있다.

부분 유료 게임F2P 중 갓즈 언체인드는 초기 NFT 수집형 카드 게임 중 하나다.*** '매직: 더 개더링'의 아레나 디지털 버전을 담당했던 디렉터인 크리스 클레이가 2018년 출시한 이 게임은 '매직: 더 개더링'의 기본 원칙을 계승한다. 즉, 모든 유저는 각자 고유한 능력을 보유하고 있는 여섯 신을 중심으로 구성된 서른 장의 덱을 생성해야 한다. 그런 다음 다른 유저와 대결하면서 다양한 보상(프로모션 카드, 카드 팩

---

* magic.wizards.com/fr/
** playhearthstone.com/fr-fr/
*** godsunchained.com

LANTERN-BOUND FAE

Order 3. When this creature loses order, pull it into your hand and reduce its cost by 2. Roar: Deal 4 damage to a random enemy character.

Lantern-Bound Fae

Order 3. When this creature loses order, pull it into your hand and reduce its cost by 2. Roar: Deal 4 damage to a random enemy character.

3   Nether   4

CARD STATS

⚙ MANA	5	♦ RARITY	Legendary	@ GOD	Deception
✖ ATTACK	3	▣ SET	Order	⚐ TRIBE	Nether
♥ HEALTH	4				

CARDS YOU OWN   2 CARDS IN TOTAL

Minted: 2   Escrow: 0   Mintable: 0   Genesis: 0   Offchain: 0

ID	Quality	Status
56602631	Meteorite	MINTED
56602641	Meteorite	MINTED

그림 11.1 두 장밖에 존재하지 않는 희귀한 갓즈 언체인드 카드

등)을 획득할 수 있다. 카드는 '매직: 더 개더링'의 마법의 색을 본떠, 카드에 있는 신이 보유하고 있는 각각의 능력에 따라 여러 그룹으로 나뉜다. 게임의 메커니즘은 아이디어를 얻은 게임의 메커니즘을 그대로 따랐기 때문에 빠르고 효율적이다. 따라서 유저들은 플레이한 카드뿐만 아니라 카드 효과로 발생하는 상황에 따라 능력치가 더 높거나 낮은 캐릭터를 소환하기 위해 마나를 사용한다. 이렇게 하면 덱을 구축할 때, 다양한 게임의 전개 상황을 고려하면서 폭넓은 전략을 시도할 수 있다. 이후 라이프 게이지가 0으로 감소하면 두 유저 중 하나가 승리한다.

희귀성	확장팩의 각 카드 수	통용되는 전체 카드 수
커먼(Common)	35,000	4,950,914(72.44%)
레어(Rare)	12,500	1,481,389(21.68%)
에픽(Epic)	5,000	257,013(3.76%)
레전더리(Legendary)	2,600	145,181(2.12%)
미식(Mythic)	1	없음

표 11.1 갓즈 언체인드 카드 종류

갓즈 언체인드의 특성은 무엇보다도 이더리움 스마트 컨트랙트를 바탕으로 구동된다는 데 있다. 실제로 모든 갓즈 언체인드 카드는 ERC-721 토큰(**CHAPTER 35** 참조)이다. 모든 게임 유저는 확장팩(각 확장팩에는 무작위로 선택된 다섯 장의 카드가 있으며 그중 최소 한 장은 구매한 확장팩에 따라 결정되는 레어 카드다)에서 구매한 NFT 카드를 생성하거나 민팅(**CHAPTER 07** 참조) 과정을 거쳐 게임 전용 마켓플레이스에서 수집한 카드를 팔거나 거래할 수 있다. 수집한 카드를 거래할 때, 가장 중요한 요소는 카드의 희귀성이다. 카드는 커먼$_{Common}$에서 미식$_{Mythic}$까지 다섯 가지 레벨로 구성되는데, 희귀할수록 능력이 뛰어나며 해당 카드의 복사본 수도 적다. 각 확장팩에 제공되는 미식 카드는 단 한 장뿐이며 이 카드는 100만 분의 1 확률로 획득할 수 있다. 또한 카드는 5단계(노멀, 메테오라이트, 새도우, 골드, 또는 다이아)로 랭크될 수 있으며 이는 카드의 가격에 영향을 미친다. 〈그림 11.1〉과 같은 카드는 두 장밖에 존재하지 않는 카드다.

	카드가 겹칠 수 있는 평균 확률
확장팩	레어 / 에픽 / 레전더리 / 샤이니
레어(Rare) 구매를 위한 스마트 컨트랙트	74% 22% 3.5% 0.5% 0777f76d195795268388789343068e4fcd286919
에픽(Epic) 구매를 위한 스마트 컨트랙트	74% 5% 20.6% 0.5% 482cf6a9d6b23452c81d4d0f0f139c1414963f89
레전더리(Legendary) 구매를 위한 스마트 컨트랙트	55.5% 20.8% 3.3% 20.5% c47d7d42e44b2e04c83a45cf45898e597a0c2311
샤이니(Shiny) 구매를 위한 스마트 컨트랙트	55.5% 20.8% 3.3% 20.5% 1e891c587b345ab02a31b57c1f926fb08913d10d

표 11.2 확장팩의 희귀성에 따른 카드가 겹칠 수 있는 평균 확률 및 갓즈 언체인드 팩 구매를 위한 스마트 컨트랙트

위의 표는 현재 통용되는 갓즈 언체인드 카드에 관한 몇몇 통계 수치다. 1만 5,479명의 유저가 소유한 카드는 700만 장에 조금 못 미친다. 이 숫자는 등록된 유저가 45만 명인 것에 비하면 상대적으로 적은 것처럼 보이지만 새로 유입된 사용자들이 거래할 수 없는 70장의 웰컴 카드를 받고 가상의 상대와 혼자서 무료로 게임 연습을 하므로 이 수치까지 고려해야 한다.

게임 론칭 이후 많은 유저의 피드백에 따라 결정된 카드의 테스트 및 균형 조정이 이루어진 확장팩이 출시되었다. 이런 균형 조정 절차가 끝나면 제안된 카드의 특성이 결정된다. 그러면 ERC-721 토큰 형태의 카드를 획득하고 레벨업을 할 수 있으며 게임에 사용하거나 매매할 수 있다. 모든 확장팩의 구매는 각 팩의 카드 구성 및 동일한 카드가 겹치는 확률을 결정하는 스마트 컨트랙트를 통해 관리된다. 이런 특성은 〈표 11.2〉에 요약되어 있다.

2021년 6월, 게임 관리 방식에 눈에 띄는 변화가 일어났다. 이더리움 메인넷의 네트워크 메인 레이어(레벨 1)에서 갓즈 언체인드가 완벽하게 구동하기는 했지만 엑시 인피니티(CHAPTER 10 참조)의 골칫거리였던 거래 처리 시간 지연과 높은 가스비에 관련된 문제가 갓즈 언체인드에서도 발생했기 때문이다. 이에 갓즈 언체인드는 사이드체인 솔루션 대신 이뮤터블X~IMX, ImmutableX~*라는 롤업 레이어 2 솔루션을 선택했다(CHAPTER 22 참조). 이 솔루션은 메인 블록체인(이더리움)의 보안 모델을 따른다는 장점이 있기 때문에 사이드체인보다 더 신뢰할 수 있다.

이뮤터블X는 앞서 언급한 스타크엑스 확장성 엔진에 기반하고 있으며 영지식 롤업 메커니즘에 영지식 스나크~ZK-SNARK, Zero-Knowledge Succinct Non-interactive Argument of Knowledge~(증명자와 검증자 간 상호작용이 필요없는 간결한 영지식 증명)라는 증명을 결합한 NFT 레이어 2 확장 솔루션**이다. 영지식 롤업(CHAPTER 22 참조)에서 출발한 이 솔루션을 통해 오프체인에서 발생한 수백 건의 거래를 하나의 거래로 묶을 수 있고 이더리움 메인 체인에서 거래가 끝날 때마다 잔액 상태를 게시할 수 있다.

이뮤터블X로의 마이그레이션을 통해 이더리움 메인 네트워크의 거래량보다 1.5배 더 많은 NFT 카드 거래가 무리 없이 처리되었고 거래를 실행하는 데 필요한 에너지가 99% 절약됐다. 마이그레이션

---

*　www.immutable.com
**　이더리움의 비잔티움 업데이트 시 통합된 영지식 스나크와 혼동할 수 있어 주의해야 한다 (CHAPTER 29, CHAPTER 22 참조).

과 동시에 갓즈 언체인드는 GODS라는 새로운 ERC-20 토큰을 발행
했다. 거버넌스 및 게임 내에서 상호작용을 할 때, 이 토큰은 블록체
인에서 핵심적인 역할을 한다. 또한 게임 유저들은 이 토큰을 이용해
카드(**CHAPTER 07** 참조)를 만들 수 있고 게임 전용 마켓플레이스에서
팩을 구매할 수 있으며 게임을 하면서 보상을 받을 수 있다. GODS
토큰의 총 발행 개수는 5억 개로 제한되어 있으며 그중 3,500만 개는
ICO(**CHAPTER 30** 참조) 기간에 판매되었다.

CHAPTER 12

스포츠 산업이
NFT를 플레이하는 법

2021년은 스포츠 업계가 블록체인 분야, 특히 NFT 분야에 뛰어들기 시작한 해다. 스포츠 연맹, 클럽, 운동선수들은 전략적 투자와 기술 개발을 통해 스포츠 클럽의 브랜드를 지속적으로 발전시키고 팬들과의 소통을 강화할 수 있는 비즈니스 모델을 시험해보고 있다.[*]

●   야구의 경우, 조금 앞선 2018년에서 2020년 사이에 'MLB 챔피언스'라는 수집형 NFT 카드를 선보였다. www.mlbc.app 참조.

NBA 톱숏

NFT 기술이 스포츠 업계에 도입되어 유례없는 성공을 거둔 최초의 사례는 단연 대퍼랩스Dapper Labs에서 개발한 탈중앙화 플랫폼 NBA 톱숏NBA Top Shot이다.[*] 2018년 3월에 설립된 대퍼랩스는 크립토키티(CHAPTER 08 참조) 프로젝트를 실행하기 위해 설립된 캐나다 스타트업이다. 대퍼랩스는 이더리움의 대안으로 블록체인 개발자가 스마트 컨트랙트를 설계하고 토큰을 발행하며 디앱을 개발할 수 있는 환경을 제공하는 블록체인 플랫폼 플로우Flow를 출시했다(CHAPTER 37 참조). 이후 2019년 7월, NBA(전미농구협회)와 NBPA(전미농구선수협회)는 대퍼랩스와 손을 잡고 NBA 톱숏 독점 개발 파트너십을 체결했다.

NBA 톱숏은 NBA 경기의 하이라이트 부분들을 담은 NFT 카드를 수집하고 거래할 수 있는 NFT 카드 트레이딩 플랫폼이다.[**] 모먼트Moment라 불리는 하이라이트 영상은 NBA 톱숏 NFT 스마트 컨트랙트에서 볼 수 있다. 이 스마트 컨트랙트는 ERC-721 또는 ERC-1155 표준과 같지만 플로우 블록체인(CHAPTER 37 참조)에만 적용되는 NFT 표준을 따른다.

모든 NFT 모먼트 카드는 같은 방식으로 발행된다. 선수 이름 옆에는 희귀 등급(특별 판매 이벤트 시 발행되는 '커먼', '레어', '팬덤' 등급이 있고 그 외

- [*] www.nbatopshot.com
- [**] flowscan.org/contract/A.0b2a3299cc857e29.TopShot

희귀 등급	각 모먼츠의 사본 수
커먼	≧10,000
팬덤	n/a
레어	150~999
레전더리	25~99
얼티미트	1~3

표 12.1 NBA 톱숏 NFT 모먼트의 레어 등급

'레전더리'나 '얼티미트' 등급), 시리얼 넘버(정해진 사본 수에 따라 달라진다), 해당 선수의 경기 통계 및 경기 분석, 하이라이트 설명, 코트 내 촬영 영상 등 각종 정보를 담은 메타데이터가 포함되어 있다.

모먼트 카드 소유자는 카드에 담긴 영상에 관련된 통계와 영상을 원한다면 독점적으로 이용할 수도 있다. 희귀 등급은 모먼트 카드의 가치를 결정한다. 위의 표에서 보듯, 희귀 등급이 높을수록 관련 모먼트의 사본 수는 더 적어진다. 물론 카드의 가격은 관련 선수의 현재 인기도 및 영상이 기록된 날짜와 당시 상황에 따라 결정된다.

새로운 모먼트 카드를 생성하기 위해서는 우선 NBA에서 공식 영상 편집본과 각 모먼트의 경기 통계를 대퍼랩스에 제공해야 한다. 그러면 대퍼랩스는 선택한 희귀 등급에 따라 각 NFT를 생성하고 '팩'에 통합해 판매한다. 카드의 가격은 9달러에서 599달러까지 다양하다. NBA 톱숏 NFT 카드를 획득하면 대규모 팬 커뮤니티(회원 수 100만 명을 돌파했다)를 확보한 NBA 톱숏 플랫폼 마켓플레이스에서 영상을 빠르게 보거나 되팔 수 있다.

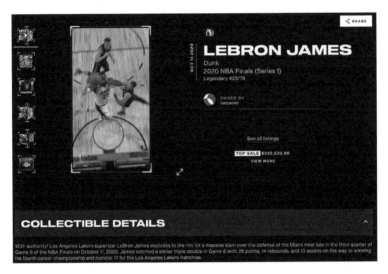

그림 12.1 가장 고가에 판매된 NBA 톱숏 NFT
2020년 10월 11일 NBA 결승전에서 르브론 제임스가 선보인 덩크슛 장면

    2021년 1월과 2월에 마켓플레이스 거래량은 4,400만 달러에서 2억 3,200만 달러로 5배 증가했다. 위의 그림은 모먼트 카드(79개 복사본 중 시리얼 넘버 23번 카드로 이는 르브론 제임스 선수가 가장 좋아하는 번호)로 2021년 8월 21일, 23만 달러에 판매되었다. NBA 톱숏은 폭발적으로 성장했다. 대퍼랩스는 2021년 초에 6,500만 달러, 3억 5,000만 달러의 투자금을 차례로 확보한 뒤 2021년 9월 새 투자 라운드를 통해 2억 5,000만 달러의 투자금을 유치하며 총 76억 달러의 시가총액을 기록했다. 이 투자금은 성공을 거둔 NBA 톱숏 모델을 음악 및 엔터테인먼트 분야에 적용한 새로운 라이선스 NFT 프로젝트를 실행하는 데 투입될 예정이다.

한편 NFT 모먼트 모델은 소셜미디어 분야까지 확장됐다. 틱톡은 콘텐츠 크리에이터가 자신의 작업을 인정받고 보상받을 수 있는 '틱톡 톱 모먼트'라는 새로운 NFT 컬렉션을 선보였다. 틱톡의 NFT 영상은 ERC-721 표준을 따르고 이더리움의 레이어 2 NFT 솔루션, 이뮤터블X_{ImmutableX}로 구동된다(**CHAPTER 22** 참조).

소레어

세계적으로 가장 인기 있는 스포츠인 축구에 관련된 또 다른 비즈니스 모델인 소레어˙는 블록체인과 NFT 덕분에 폭발적으로 성장했다. 미국에서 시작된 판타지 스포츠 게임에서 아이디어를 빌린 소레어는 선택한 스포츠의 드림팀을 구성하고 실제 경기에서 도출한 통계를 바탕으로 다른 선수들과 경기를 펼칠 수 있는 게임이다. 이외에도 매주 PGA투어˙˙ 프로 골퍼 6명으로 최고의 팀을 구성할 수 있는 PGA 투어 판타지 골프, NBA 공식 농구 게임인 야후 판타지,˙˙˙ 국가대표 선수들로 팀을 구성할 수 있는 판타지 하키˙˙˙˙ 등이 있다.

니콜라 줄리아_{Nicolas Julia}와 아드리앙 몽포르_{Adrien Monfort}가 2018년 설립

˙　　sorare.com
˙˙　　fantasygolf.pgatour.com
˙˙˙　　www.nba.com/fantasy
˙˙˙˙　　www.nhl.com/fans/fantasy-hockey

그림 12.2 소레어 토큰 카드　　　　　　　　　　　　　　　　　　　　　　©소레어

한 소레어는 이더리움 네트워크와 NFT를 기반으로 한 판타지 축구 게임을 출시했다. 소레어는 실제 축구선수들이 등장하는 디지털 카드 다섯 장으로 가상의 팀을 조직해 전 세계 선수들과 경기를 펼치는 축구 게임이다. 각 팀은 골키퍼, 수비수, 미드필더, 공격수, 그리고 선택한 포지션에 배치할 수 있는 보너스 선수로 구성된다. 모든 소레어 카드는 클럽이나 리그의 공식 라이선스 카드로 특정 시즌에 발행되고 파니니 형식으로 제공된다.

일반 카드(무료이고 무제한으로 발행되며, 게임에 가입하면 받는 10장의 카드로 루키 리그에서 신인 매니저 자격으로 경기를 치른다)를 제외하고 구매, 판매, 또는 거래되는 모든 소레어 카드는 클럽이나 리그의 공식 라이선스 카드로 특정 시즌에 발행되고 파니니의 트레이딩 카드와 같은 컬렉션 형태로 제공된다.

팀 구성에는 리미티드(시즌당 1,000장 발행), 레어(시즌당 100장 발행), 슈퍼레어(시즌당 10장 발행), 유니크(시즌당 1장만 발행)까지 네 종류의 카드가 사용된다. 이렇게 시즌마다 선수 1명당 1,111개의 카드가 발행되고 유저는 자신이 소유한 카드로 게임을 한다. 구성한 팀에 희귀 카드가 있으면 챔피언십에서 더 높은 순위를 보장받을 수 있다. 그래서 희귀한 카드일수록 고가에 거래된다. 카드는 경매에서 구매할 수 있으며 누구나 살 수 있다. 구매한 카드는 이후 플랫폼에서 되팔 수 있다. 카드 가격은 선수의 실제 경기 성적에 따라 달라지며 수요와 공급에도 영향을 받는다. 카드는 해당 선수가 축구 통계 매체 옵타OPTA의 통계가 적용되는 리그에서 선수 생활을 하는 동안 계속 사용할 수 있다. 카드의 시리얼 넘버 역시 카드의 가격에 영향을 미친다. 실제로 크리스티아누 호날두Cristiano Ronaldo 슈퍼 레어 카드 7번은 다른 동급의 카드보다 훨씬 비싼데, 숫자 7은 호날두 선수가 좋아하는 특별한 숫자이기 때문이다.

소레어는 2021년 10월 기준, 60만 명의 유저를 보유하고 있고 그 중 15만 명이 실제 활발하게 참여하고 있다(한 달에 최소 한 게임을 한다). 이들은 일 평균 40분간 게임을 하는 것으로 나타났다. 카드 판매액은 꾸준히 증가하고 있는데, 실제로 2021년 1월 이후 10개월 동안의 거래액은 1억 5,000만 유로에 달했다. 또 2020-2021 시즌 가장 희귀한 크리스티아누 호날두 카드가 2021년 3월, 24만 유로에 거래되면서 2020년 11월, 5만 4,000유로에 거래된 킬리언 음바페Kylian Mbappe의 카드 가격을 경신했다. 수익 측면에서 볼 때, 축구 클럽은 새로운 카드가 발행될 때 5%에서 15%의 로열티를 받고 게임 개발사는 스마트 컨트랙트의 규정에 따라 재판매가 될 때마다 수익을 얻는다.

게임은 빠른 속도로 투자금과 스포츠 선수를 끌어모았고 게임 개발사는 5억 8,000만 유로의 투자금을 유치했다(시가총액 37억 유로). 그러나 이런 거액의 투자금은 의심의 눈초리를 불러일으키기에 충분했다. 소레어는 영국 도박 규제 당국의 조사 대상에 올랐다. 소레어 게임을 자국에서도 접속할 수 있다는 사실을 파악한 영국은 이 게임을 도박으로 지정하고 규제해야 하는지 검토하고 있다. 사실상 플랫폼에서 거래되는 소레어 카드의 가치가 선수의 실제 경기 성적에 따라 상승하는 도박의 성격이 있기 때문이다. 따라서 소레어가 영국에서 사업을 하려면 영국 정부의 허가를 받아야 할지도 모른다. 만약 그렇게 된다면 다른 국가의 게임 시장에도 영향을 미칠 것이다.

다른 NFT 게임 개발사와 마찬가지로 소레어 역시 이더리움 블록체인의 높은 가스비와 거래 처리 지연 문제를 맞닥뜨렸고(CHAPTER 22 참조) 갓즈 언체인드 개발사와 같은 선택을 했다(CHAPTER 11 참조). 소레어는 2021년 7월, 스타크웨어*에서 개발한 이더리움 레이어 2 블록체인으로의 마이그레이션을 발표했다.

스폰서십과 축구 클럽

소레어에 관련된 스폰서십 이외에도 축구 클럽과 관련 스포츠 협회는 NFT 프로젝트에 투자를 늘리고 이를 통해 팬 참여 기회를 확대

●   starkware.co

하려 하고 있다. 실제로 2021-2022 시즌을 위해 새로 공개된 AS 로마의 유니폼에는 메인 스폰서인 블록체인 디지털비트DigitalBits* 로고가 유니폼 중앙에 새겨져 있다. 또한 세계 최초의 팬 참여 및 팬 보상 플랫폼인 소시오스닷컴Socios.com** 은 인터 밀란의 메인스폰서로 나섰으며 그 외에도 많은 유럽 명문 축구 클럽들과 파트너십을 맺고 있다(유벤투스FC, FC바르셀로나 등). 프랑스에서는 리오넬 메시Lionel Messi가 파리 생제르맹FC에 입단하면서 팬 토큰이라는 새로운 비즈니스 모델을 널리 알리는 역할을 했다. 2021년 8월, 메시는 자신의 연봉 일부를 팬 토큰으로 받았기 때문이다. 이는 세계적 스타 선수가 연봉을 가상자산으로 받은 최초의 사례가 되었다.

이런 비즈니스 모델은 현재 무엇보다도 팬들과의 신뢰 관계를 형성하는 데 집중하고 있다. 아직 본격적으로 NFT를 접목한 실질적 개발이 이루어지고 있지는 않지만, 조만간 이와 관련된 개발이 시작될 것이라고 예상된다. 실제로 앞서 언급한 스폰서 기업들은 기프트 카드, 관련 축구 클럽의 유니폼, 선수, 또는 스포츠 장비의 디지털 트윈을 NFT 형태로 운영하고 있다. 스포츠계 비즈니스 모델에 불고 있는 변화의 바람은 이미 감지되고 있다. 일례로 이탈리아 세리에 A 챔피언십 당시, 유벤투스FC는 전용 구장 개장 10주년을 기념하고 2021-2022 시즌에 사용할 새로운 홈킷 유니폼을 3D로 만들어 판매했다.

● digitalbits.io. 2017년 설립된 이 플랫폼은 XDB 암호화폐를 지원하며 3년간 3,600만 유로를 AS로마에 투입할 예정이다.

●● www.socios.com

이 디지털 유니폼은 사이드체인 팜_{Palm}*에서 NFT로 발행되었고 경매에서 약 3만 달러에 판매되었다. 이를 계기로 팬들의 관심을 끌어모을 수 있는 새로운 디지털 아이템 개발에 NFT 기술을 접목시키는 사례가 더욱 증가할 것이라 기대된다.

* docs.palm.io

$$\boxed{\text{CHAPTER 13}}$$

빠르게 NFT를 입은
패션업계

네덜란드 디지털 패션 브랜드 패브리컨트The fabricant[•]는 패션 디지털 분야의 선구자다. 이 브랜드는 '가상 현실에서 입고 거래할 수 있는 디지털 전용 패션을 제작한다'는 슬로건을 내세운다. 이 슬로건만 봐도 오트 쿠튀르Haute Couture 의상에 디지털 기술을 접목하겠다는 브랜드의 목표가 명확하게 드러난다.

가상 세계에서 의상을 제작하고 입어볼 수 있다면 패션에 대한 접근성은 더욱 높아지면서도 실제 의상이 제작되지 않는 만큼 친환경적이다. 실제로 패브리컨트는 세계 최초로 가상 드레스 이레데션스

• www.thefabricant.com

Iridescence를 제작해 9,500달러라는 '오트 쿠튀르치고는 저렴한' 금액에 판매하며 패션업계에 신선한 충격을 안겨줬다.

인스타그램 필터 제작자인 요하나 야스코브슈카Johanna Jaskowska[*]는 이 가상 드레스의 모델이 되어 움직일 때마다 빛나는 이 드레스를 착용했다. 이 가상 드레스는 실제 모델에 디지털로 드레스를 입히는 방식으로 제작되었다. 누구든 이 드레스를 구매하면 가상 세계에서 입어볼 수 있다. 패브리컨트는 2D 패턴 디자인 소프트웨어를 활용해 실제보다 더 진짜 같은 옷을 만들어낸다. 이렇게 패브리컨트는 패션에 NFT 기술을 접목하면서 완벽하게 디지털화된 오트 쿠튀르라는 새로운 길을 제시했다.

또한 크립토키커CryptoKickers는 크립토키티(CHAPTER 08 참조)와 같이 NFT 기반 가상 운동화이며, 다양한 오리지널 모델이 현재 판매되고 있다. 이 신발은 가상에서만 볼 수 있고 실제로 신을 수는 없다. 나이키Nike는 미국 특허청에 크립토킥스Cryptokicks에 대한 상표권을 신청했다. 나이키의 이런 상표권 신청에는 신발의 위조를 방지하기 위한 NFT의 여러 구성 요소, 즉 전자지갑, 온라인 마켓플레이스, 디지털 토큰, 블록체인, 그리고 암호화폐가 포함되어 있다. 나이키의 상표권 신청이 승인되면 나이키는 4년간 독점권을 갖고 크립토킥스를 출시할 수 있다. 나이키의 크립토킥스는 제품 구입 시 고유한 10자리 숫자로 된 크립토킥스 ID를 별도의 애플리케이션에 등록해 정품을 인

● www.instagram.com/p/BxVzibUopFM

그림 13.1 크립토키커에서 구매할 수 있는 가상 운동화

증받는 데 사용된다. 나이키 제품 구매 시 ERC-721 기반 토큰 크립
토킥스가 발행되고 이를 통한 인증과정이 블록체인에 기록되기 때문
에 향후 한정판 제품을 되팔 때 크립토킥스는 거래의 신뢰성과 수익
성을 높이는 보증서의 역할을 하게 된다.

　2021년 기준, 패션업계의 디지털화는 빠른 속도로 진행되고 있다.
호주 스타트업 뉴노_{Neuno}*는 대표적인 디지털 패션 의류 플랫폼으로,
디지털 토큰으로 발행되는 단 한 벌뿐인 가상 의류를 판매한다. 마켓
플레이스와 경매를 통해 이 NFT 기반 가상 의류를 거래할 수 있다.

　이외에도 가상 패션 스타트업 RTFKT**는 디지털 아티스트 푸오셔
스_{FEWOCiOUS}와의 협업으로 NFT 운동화를 제작해 판매했다. 구찌_{Gucci}는
자사의 첫 번째 디지털 스니커즈인 구찌 버추얼 25를 출시하기도 했

●　　neuno.io
●●　　rtfkt.com. 해당 브랜드는 2021년 12월 스포츠 용품 제조업체 나이키에 인수되었다.

다. 또한 2021년 파리 패션위크 때는 NFT를 이용한 디지털 패션 체험이 참석자들에게 제공됐다. 예를 들어 오트 쿠튀르 브랜드 에일리스Aelis는 최초로 드레스의 소유권이 다섯 개의 NFT로 분할된 루체 임모르탈레Luce ImmorTale 프로젝트를 선보였다. 이 드레스는 단 한 벌만 제작되었으며 이 드레스 전체를 소유하려면 다섯 개의 NFT를 모두 획득해야 한다. 가상의 패션쇼에서 안무가 자코포 고다니Jacopo Godani의 영상을 통해 드레스가 공개되었고 각각의 NFT에는 에일리스와 가상 드레스의 역사가 일부 포함되어 있다. 이 NFT의 소유자는 드레스 구매 시 스케치 원본 네 장과 드레스를 찍은 예술 사진 한 장을 받게 된다. 2021년 여름, 다섯 개 NFT에 대한 경매가 해당 브랜드 플랫폼에서 진행되었고 모든 NFT를 한 사람이 소유하게 될 때까지 스케치, 사진, 그리고 드레스는 박물관과 갤러리에 전시될 예정이다.

이런 사례들은 NFT 기술이 패션계의 어떤 영역까지 적용될 수 있는지, 또 그로 인해 얻을 수 있는 이익이 무엇인지를 잘 보여준다. 디지털 기술은 패션계를 근본적으로 변화시킬 수 있는 잠재력이 있다. 예컨대 의상 제작과 패션쇼가 가상에서 이루어진다면 실물로 의상을 제작하지 않아도 되므로 자원의 소비를 줄일 수 있고 그만큼 환경에도 부담을 덜 준다. 이런 새로운 패러다임은 패션계를 보다 친환경적이며 대중적으로 변화시키는 데 일정 부분 기여할 수 있을 것이다.

CHAPTER 14

NFT는
소유권 분야의 혁신

부동산을 위한 NFT

메타버스 가상 세계 디센트럴랜드(**CHAPTER 10** 참조)에서 랜드는 토지에 해당하는 ERC-721 토큰이다. 디센트럴랜드는 모든 디지털 자산 및 거래할 수 있는 아이템의 소유권을 등록하는 데 블록체인을 이용한다. 따라서 부동산 소유권을 관리하는 데 있어서도 각 소유권에 NFT 소유권 증명서가 부여되는 블록체인에 토지대장을 등록할 수 있다. 그렇게 되면 NFT 증명서가 부여된 토지는 블록체인에서 안전하게 거래된다. 사실 많은 개발도상국에서는 토지대장이 일반에게 공개되지 않는다. 대를 이어 암암리에 전달되는 토지 정보는 분쟁 발생 시 명확한 정보를 제공해주지 못하며 시간이 흐르면서 소실되는 경우가 대부분이다.

이런 문제를 인지한 아프리카 가나의 비영리기업 비트랜드_{Bitland}는 가나 정부와 손을 잡고 블록체인 기술을 이용해 소유권 정보를 안전하게 보호하면서 영구적으로 검증 가능한 정보를 제공해 토지 소유권 분쟁을 근절하는 데 크게 기여했다. 또한 케냐의 부동산 회사 랜드 레이바이그룹_{Land LayBy Group}*은 정직하게 부동산 등기를 하는 사람들에게 하람비_{HRBE} 토큰을 보상으로 주는 방식의 프로젝트를 추진하기도 했다.

프랑스의 부동산 중개회사 언체인 이모_{Unchain Immo}**는 온라인에서 안전하게 직접 부동산을 매매할 수 있는 블록체인 경매 시스템을 제공한다. 이 사이트는 매도자와 매수자가 판매를 실시간으로 지켜볼 수 있는 가상의 판매장 역할을 한다. 경매는 스마트 컨트랙트로 관리되고 감사를 통해 플랫폼에서 실행되는 경매의 과정이 투명하게 공개된다. 블록체인 기술 덕분에 입찰자가 언제든 모든 경매 과정을 확인할 수 있기 때문이다. 초기 시스템 개발은 선더코어 블록체인에서 실행되었지만, 프로젝트를 관리하는 스마트 컨트랙트를 찾을 수 없는 것으로 보아 현재 이 프로젝트는 중단된 것으로 보인다.

---

* hrbe.io
** www.unchainimmo.com/fr/

이더리움 네임 서비스

이더리움 네임 서비스ENS는 닉 존슨Nick Johnson이 2017년 5월 이더리움에서 시작한 서비스이다. 인터넷 DNS 시스템과 유사한 ENS는 이더리움에서 사용하는 주소를 읽고 기억하기 쉬운 문자 형태로 변환시켜 준다. 그래서 ENS를 사용하면 복잡한 16진수 해시코드 주소를 간단한 이름으로 대체할 수 있다. ENS는 스마트 컨트랙트와 NFT를 기반으로 작동한다. 따라서 사용자는 .eth.로 된 도메인명을 구입해야 한다. 그리고 이 도메인명은 NFT를 통해 연결된다. .eth.로 된 주소를 통해 전송이 이루어지면 ENS 계약은 .eth. 주소와 여기에 연관된 이더리움 주소를 연결해준다.

NFT와 소유권 분할

NFT 기술을 적용하면 예술작품을 다수의 디지털 자산 토큰으로 분할할 수 있고 작품 전체 가격의 분할된 부분만큼 사고팔 수 있다. 각 예술작품은 여러 유형의 토큰으로 되어 있으며 각자 고유한 코드를 갖고 있다. 여기서 토큰은 디지털 소유권 증명서의 역할을 하고 토큰을 소유한 사람은 관련 작품의 한 부분에 해당하는 디지털 자산 일부분의 소유자가 된다. 이런 방식으로 NFT를 구매하면 초기 투자비용을 상당히 절감할 수 있기 때문에 소액 투자자도 예술 시장에 접근할 수 있다.

NFT 소유권 분할을 적용한 가장 대표적인 미술 투자 플랫폼 중 하나는 2017년 출시된 메세나스_{Maecenas}다.[•] 그 외 미술 투자 플랫폼으로는 아토폴리_{Artopolie}(2019년 설립)^{••}, 페럴 호스_{Feral Horses}(2017년 설립되었으나 2021년 6월 아트스퀘어가 인수)^{•••}, 룩래트럴_{Look Lateral}(**CHAPTER 09** 참조), 아트핀테크원_{Artfintech.one}(2012년 설립)^{••••}, 마스터웍스_{Masterworks}(2017년 설립)^{•••••}가 있다. 메세나스는 2017년 가을, 수백만 달러에 달하는 앤디 워홀의 작품 「소형 전기 의자」(1980)를 토큰화하면서 큰 화제를 모았다. 이 작품은 스마트 컨트랙트를 통해 대중에 판매할 목적으로 위조나 변조할 수 없도록 'NFT로 분할'되었다. 이후 작품의 31.5%가 경매에서 170만 달러에 거래되었다.

최근에는 패션계에서도 NFT 분할 소유권 개념을 적용한 가상 드레스 루체 임모르탈레를 선보인 바 있다(**CHAPTER 13** 참조). 이런 소유권 분할을 통해 충분한 자금을 보유하지 못한 투자자도 작품의 한 부분을 소유할 기회를 얻을 수 있고 일부의 전유물처럼 여겨지는 미술품 시장도 더욱 대중화될 수 있다. 게다가 이런 플랫폼의 거래 수수료는 경매 회사(판매금액의 25%)나 갤러리(판매금액의 50%) 대비 현저하게 낮은 수준이다. 실제로 메세나스의 거래 수수료는 구매자의 경우 1%, 판매자의 경우 8%밖에 되지 않는다.

•   www.maecenas.co
••   www.artopolie.com
••• www.artsquare.io
•••• artfintech.one
•••••www.masterworks.io

그림 14.1 파스칼 보야르의 「시스티나 성당 지하」   출처: en.pboy-art.com

비용 분담 이외에도 NFT 소유권 분할을 통해 일부 예술가들은 자신의 작품을 창작하는 데 직접 자금을 조달할 수 있고, 때로 한시적으로 설치한 작품을 영구 보존할 수도 있다. 프랑스 스트리트 아티스트 파스칼 보야르Pascal Boyart는 거리에 그린 벽화를 NFT로 디지털화한 최초의 아티스트다. 그가 2017년 11월 파리 19구에 그린 「아빠, 돈이란 뭐죠?」라는 제목의 작품은 2019년 8월, 그의 작품 중 처음으로 디지털화되었다.* 이 작품은 두 개의 NFT로 소유권이 분할되었

● 파스칼 보야르는 2019년 외젠 들라크루아의 「민중을 이끄는 자유의 여신」에서 영감을 받아 노란 조끼 운동(2018년 11월 에마뉘엘 마크롱(Emmanuel Macron) 프랑스 대통령의 유류세 인상 발표에 반대하면서 시작돼, 점차 반정부 시위로 확산된 시위-역주)을 파리의 벽화로 그려 유명세를 타기 시작했다.

고 이후 파스칼 보야르는 파리 거리에 그린 자신의 벽화를 본격적으로 분할 판매하기 시작했다. 그는 미켈란젤로의 작품에서 영감을 받아 2020년, 파리 외곽 도시의 공장 벽에 「시스티나 성당 지하」라는 제목의 그림을 그렸다. 100미터 크기의 벽화에는 스마트폰을 들고 있는 천사와 은행 카드를 잃어버리고 지옥에 떨어진 사람들을 포함해 400명 이상의 인물이 등장한다. 파스칼 보야르는 이 작품의 작업 비용을 마련하기 위해 작품을 디지털화한 뒤 등장인물 수에 맞춰 400개의 NFT로 분할했다. 이 작품의 NFT는 현재 오픈시를 통해 219명이 보유하고 있다(2022년 10월 14일 기준).•

중개자가 필요 없는 블록체인과 NFT

이제까지는 미술품을 구매하려면 중개자를 통해야 했다. 일부 작가들은 비공식적으로 자신의 작업실이나 인맥을 통해 작품을 직접 판매하기도 하지만 미술품은 주로 갤러리, 경매 회사, 온라인 사이트 및 전시회에서 거래된다. 현재 미술품 유통 구조에서 가장 많은 거래가 이루어지고 있는 곳은 갤러리다.

그래서 작가들은 작품의 전시 여부를 결정하는 갤러리 관장이나 부유한 미술품 컬렉터에게 작품 판매를 의존할 수밖에 없다. 그

• opensea.io/collection/pascal-boyart

러나 NFT와 블록체인이 등장하면서 중개자 없이 거래가 가능해졌고 이 때문에 미술품 시장도 변화를 겪고 있다. NFT 기술 덕분에 작가가 직접 대중을 접할 수 있게 된 것이다. 2018년 이후 미술품 거래를 위해 작가와 구매자를 직접 연결해주는 플랫폼이 속속 등장하기 시작했고 2021년 크게 성장했다. 2020년 말, 존 레넌_{John Lennon}과 오노 요코_{Ono Yoko}의 아들 션 레넌_{Sean Lennon}은 라리블_{Rarible}에서 그림 한 점을 3,200달러에 판매했다. 그라임스는 2021년 3월, 니프티 게이트웨이에서 디지털 작품 10점을 단 몇 분 만에 총 580만 달러에 판매했다. 이런 플랫폼에서 대부분의 거래는 이더로 이루어지며 현재 자체 암호화폐를 사용하는 플랫폼은 전무하다(**CHAPTER 18** 참조).

그러나 일부에서 NFT 작품을 악용하며 이런 변화에 찬물을 끼얹기도 한다. 일례로 2021년 9월, 프랑스 일러스트레이터 다비드 르보이는 오픈시 플랫폼에서 로플라크라는 사람이 자신의 작품「드림 캣츠」에 필터를 덧씌워 전시하고 있는 것을 발견했다. 이 작품은 '크리에이티브 커먼'이라는 비영리협회가 라이선스를 보유하고 있었기 때문에 원론적으로 작품의 수정을 불법으로 규정할 수는 없었다. 그러나 도덕적 측면에서 이는 분명 불공정한 행위였다. 실제로 무료로 이용할 수 있는 르보이의 작품을 이용해 로플라크는 1만 유로 이상을 벌어들였지만, 원작자인 르보이는 정작 단 한 푼도 받지 못했기 때문이다.

이런 플랫폼의 또 다른 문제는 에너지 비용이다. 이런 플랫폼은 대개 작업증명(**CHAPTER 23** 참조)을 기반으로 구동하는 이더리움 네트워크*를 사용하기 때문에 거래를 검증하는 데 많은 에너지를 소비해야 한다. 영국 예술가 데이미언 허스트Damien Hirst와 IT 엔지니어 메모 아크텐의 계산에 따르면, 플랫폼에서 한 개의 NFT를 생성할 때 211킬로그램의 이산화탄소가 방출된다. 데이미언 허스트는 2021년 친환경 플랫폼 프로젝트를 주도했고 이 플랫폼의 이름을 팜Palm(**CHAPTER 12** 참조)이라 명명했다. 그는 이더리움 네트워크에서 지분증명(**CHAPTER 22** 참조)을 기반으로 구동하는 팜을 이용하면 에너지 소비를 99% 줄일 수 있을 것이라 기대하고 있다. 데이미언 허스트는 연작으로 제작한 유화 1만 점과 이를 NFT로 만든 「통화 프로젝트」라는 작품을 팜에서 처음으로 판매했다.**

- 이더리움은 에너지 소모가 큰 작업증명 방식으로 운영되었으나 2022년 9월 합의증명 방식 전환을 위해 머지 업그레이드가 성공적으로 진행되고 지분증명 방식으로 변경되었다. 그로 인해 에너지 소비는 99% 이상 감소했다.
- ** palm.io

CHAPTER 15

경마, 카지노가 NFT를 만나면

NFT와 경마

NFT 기술을 적용하면 가상으로도 실제처럼 사행성 게임을 할 수 있다. 경마는 세계적으로 가장 인기 있는 사행성 게임 중 하나다. 따라서 자연스럽게 경마와 NFT 기술의 접목이 시도됐다. 게임 개발사 아타리Atari 는 NFT 기반 경마게임 제드 런Zed Run 과 협업해 기수가 없는 3D 가상 경마 게임을 출시했다.* 경마에 참여한 유저는 실제 경마에서처럼 자신이 선택한 말에 베팅한다. 이 경주마는 2021년 7월 14일

---

* atarized.run. 프랑스 비디오 게임 회사 아타리(Atari)의 프로젝트.

그림 15.1 2021년 11월 12일에 판매된 가상 경주마 페이탈 런(Fatal Run)

부터 20일까지 플랫폼 오픈시(**CHAPTER 18** 참조)에서 경매에 부쳐졌고 현재도 판매되고 있다.

　이 경주마들의 외피는 다양한 질감(가죽)으로 표현된다. 게임 출시 이후 수백 건의 가상 경주가 진행되었고 경마 팬을 위한 수백 건의 거래가 이루어졌다. 가상의 경주는 24시간 계속된다. 제드 런은 폴리곤 사이드체인을 사용하기 때문에 말에 베팅하거나 구매를 하려면 사용자는 하이픈(블록체인간 자산을 이동하는 기술)을 통해 폴리곤 사이드체인으로 자신의 이더리움을 전송하고, 제드 런 월렛이라는 전자지갑에서 래핑 이더리움WETH(**CHAPTER 10** 참조)을 구매해야 한다. 경주가 시작되면 3위까지만 보상이 이루어진다. 일정 수준의 공정성을 보장하기 위해 세 가지 주요한 특성(말의 기량, 선호 거리, 피로를 느끼는 요인)을 기준으로 평가한 말의 기량에 따라 다양한 경주 카테고리가 존재한다. 경주 결과에 따라 말은 포인트를 획득해 세계 랭킹 출전권을 얻는다.

말의 수를 제한하기 위해 게임 개발사는 제약 사항을 부여하는데, 암컷 말은 한 달에 한 번만 번식할 수 있고 수컷은 한 달에 세 번만 교미할 수 있다. 대신 암컷 말의 소유주는 번식으로 나온 말을 소유할 수 있고 수컷의 소유주는 교미 비용을 받는다. 이런 메커니즘을 통해 독특한 특성을 지니면서도 실제 경주마 같은 기량을 가진 말을 생성할 수 있다.

NFT와 카지노 게임

몽키 베트_{Monkey Bet}*는 슬롯머신, 블랙잭, 또는 룰렛과 같은 도박을 할 수 있는 가상 카지노 플랫폼으로 몽키머니라는 ERC-20 토큰을 사용한다. 모든 유저는 게임을 할 때 ERC-721** 토큰 형태의 원숭이 아바타를 사용하며 탈중앙화 자율 조직인 다오(**CHAPTER 30** 참조)의 구성원이 되어 게임의 공정성을 보장하기 위한 카지노 관리에 참여한다. 원숭이 아바타는 최대 1만 마리까지 보유할 수 있고 아바타 한 개당

●   monkeybet.co
●●   0x1850b846fdb4d2ef026f54d520aa0322873f0cbdetherscan.io/address/0x9261b6239a85348e
066867c366d3942648e24511#code

발행 비용은 0.05이더다. 몽키 베트의 특별한 점은 원숭이 아바타가 유저의 경험에 실질적으로 영향력을 미친다는 것이다. 그래서 카지노 게임에서 이길 확률은 각 원숭이 아바타의 특성에 따라 달라진다. 또한 원숭이 아바타는 카지노 관리에 참여한다. 다양한 게임의 수익이 모든 원숭이 아바타가 투표권을 갖고 있는 다오에서 관리되기 때문이다.

NFT로 복권을 만든다면

복권은 NFT를 적용하기에 매우 적합한 분야다. NFT 형태의 로또가 있다고 생각해보자. 스마트 컨트랙트가 발행되면 특정 시기에 추첨이 예정된 로또 조직을 관리한다. 추첨일을 기다리며 유저들은 고유한 번호가 있는 NFT 형식의 로또를 원하는 만큼 살 수 있다. 스마트 컨트랙트를 이용하면 동일한 번호가 찍힌 로또는 절대로 생성되지 않는다. 또한 스마트 컨트랙트는 NFT 형식의 상금 목록을 생성한다. 추첨일이 되면 상금별로 추첨이 실행되고 당첨된 번호는 보상을 받는다.

돈을 벌어들이는
NFT 비즈니스의 작동 원리

3파트에서는 시장에서 결정되는 NFT 가격의 원리에 대해 알아보려 한다. 이를 위해 우선 NFT 거래 시 필요한 다양한 전자지갑을 비롯해 대표적인 NFT 마켓플레이스 등을 다룰 것이다. 또한 NFT 분야의 법적 규제를 비롯해, 거래비용의 문제 등을 살피고 이에 대한 해결 방안도 함께 다뤄볼 것이다.

CHAPTER 16

NFT 시세가
결정되는 방식

2021년 5월 3일, NFT 시장은 엄청난 추락을 경험했다. 일일 1억 200만 달러로 사상 최고 매출을 올렸던 NFT 판매량이 90%나 감소했기 때문이다. 전문가들은 2021년 1월부터 시작해 4개월간 지속적으로 NFT 시장의 거품이 꺼졌고 시장이 이미 붕괴되기 시작했다고 분석했다. 그러나 이런 분석은 너무 성급했다. 〈그림 16.1〉에서 보듯 NFT에 대한 인기가 사그라들고 있지 않기 때문이다. 당시 전문가들은 신기술에 대한 투자 및 이와 관련된 시장의 초기 변동성이 매우 크다는 특성을 간과했다.

이 시장의 흐름을 이해하려면 NFT 시세를 반드시 살펴봐야 한다. NFT 시세라니, 이상하게 들릴 수도 있을 것이다. 그도 그럴 것이 모

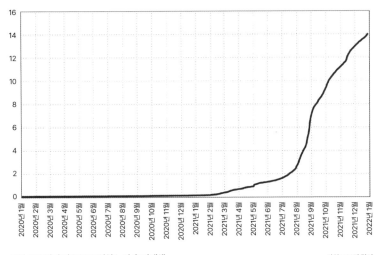

그림 16.1 달러 기준 NFT 일일 누적 총 판매액   단위: 100만 달러

든 NFT는 고유성을 띠기 때문에 다른 NFT와 비교할 수 없기 때문이다. 그러나 모든 NFT에는 가격이 있고 따라서 개별적인 시세가 있다. 그러므로 NFT 전체를 하나로 묶거나 분류해서 구매와 판매의 변동 상황을 전반적으로 살펴볼 수는 있다. NFT와 이더리움의 상관성 때문에 NFT 거래에 가장 많이 사용되는 암호화폐는 단연 이더로 꼽힌다. NFT를 거래할 수 있는 거래소가 다양하게 나타나면서 사실상 대부분의 알트코인을 NFT 거래에 사용할 수 있게 되었다. 2023년 기준으로 50여 개 이상의 알트코인이 NFT 거래에 사용되고 있다. 한편, NFT 시장은 1차 시장과 2차 시장으로 구분된다.

▶ 1차 시장은 처음으로 발행된 NFT의 소유권을 구매할 수 있는 시장이다.

▶ 2차 시장은 1차 시장에서 획득한 소유권을 거래할 수 있는 시장이다.

NFT의 경우, 대다수의 플랫폼은 두 가지 형태의 시장을 모두 제공한다. 그러나 NFT 생태계에서 일부 플랫폼은 ICO(**CHAPTER 30** 참조)에 사용하거나, 플랫폼을 구동하거나, 보상을 지급하기 위해 자체 암호화폐를 발행하기 때문에 혼란을 초래하기도 한다. 이렇게 발행되는 암호화폐의 형태는 대부분 대체 가능 토큰(**CHAPTER 02** 참조)이다. 그래서 한번 발행 및 배포되면 여러 거래 플랫폼에서 다른 유동자산처럼 여러 통화나 암호화폐를 통해 매매할 수 있다. 예를 들어 소레어는 SOR 토큰을, 아트블록은 BLOCKS 토큰을, 슈퍼레어는 SUPR 토큰을 발행한다. 이런 토큰은 1차 시장과 이더리움 관련 2차 시장에서 매매할 수 있으므로 다른 화폐와 비교해 토큰의 시세를 가늠해볼 수 있다. 이 시세는 각 플랫폼에서 발행하는 NFT 시세라기보다 플랫폼 자체에 대한 인기도를 반영한다.

2018년 이후의 NFT 시장

논펀저블닷컴 NonFungible.com 은 NFT 분야의 대표적인 업체로서 2018년부터 NFT 관련 데이터를 분석해왔다. 논펀저블닷컴은 이더리움 블록체인에서 거래되는 약 150개의 주요 NFT를 분석한다. 여기에 크리스티 혹은 소더비 같은 경매 회사나 니프티 게이트웨이 플랫폼에서 발행하는 NFT는 포함되어 있지 않다. 이 업체는 NFT를 크게 다섯 개 카테고리로 분류한다.

1. 예술 분야: 예술가의 창작물에 관련된 NFT(CHAPTER 09 참조).
2. 게임 분야: 엑시 인피니티, 갓즈 언체인드 같은 비디오 게임에 관련된 NFT (CHAPTER 10, CHAPTER 11 참조).
3. 수집 분야: 크립토펑크, 크립토키티, 소레어 같은 수집형 게임 관련 토큰.
4. 메타버스 분야: 디센트럴랜드, 샌드박스 같은 유사 가상 세계에 관련된 토큰 (CHAPTER 10 참조).
5. 유틸리티 분야: 이더리움 네임 서비스ENS같은 도메인 네임 관련 토큰 및 소유자에 대한 액세스 또는 특정한 권한을 보장할 수 있는 티켓 및 자산에 관련된 토큰.

2019년에서 2020년 사이, 스마트 컨트랙트와 연동되어 활성화된 전자지갑의 수는 11만 2,731개에서 22만 2,179개로 2배가량 증가했다. 판매자와 구매자 수 역시 2018년과 2019년 사이에 상대적으로 감소했지만 2019년 이후 각각 67%, 25% 증가했다. NFT 거래액은 2019년에 60% 감소한 이후 2020년부터 증가해 25만 달러 이상 거래가 실행되었으며 이는 2018년 대비 1.6배 증가한 수치다. 시장에 존재하는 자산의 총 가치를 나타내는 NFT의 시가총액은 2020년 말 3억 3,800만 달러로 추정되었는데, 이는 비트코인 시가총액 대비 0.17%, 이더리움 시가총액 대비 1.01%에 해당하는 수치다.

2020년 12월, 미국 아티스트 비플의 디지털 아트 컬렉션이 니프티 게이트웨이 플랫폼에서 약 80만 달러에 판매된 것이 미디어를 통해 전파되며 화제가 되었다. 이렇듯 2021년 초반 4개월간 NFT 시장은 폭발적으로 성장했다. 실제로 이 기간에 10억 달러 이상의 NFT가 거래되었고 전년 동기 대비 64배 증가했다. 새로운 이용자들이 NFT 생태계에 지속적으로 유입되고 있다는 것을 감안해도 NFT 평균 가격이 크게 상승한 것은 사실이며 이 때문에 2021년 중반 전까지 시장에 거품이 끼었다는 분석과 함께 거품 붕괴 가능성에 대한 우려가 높아지기도 했다.

2020년에서 2021년 사이 NFT 거래액

NFT 전문 분석 사이트 논펀저블닷컴은 NFT 시장에서의 거래액 분포율을 카테고리별로 분류했다. 〈그림 16.2〉는 2020년 거래액 분포율을, 〈그림 16.3〉은 2021년 거래액 분포율을 나타낸다. 시장이 과열된 2021년을 제외하고 시장의 '평균'이라 할 수 있는 2020년 거래액 분포율을 살펴보면 각 분야의 거래율이 비교적 고르게 분포되어 있으나 메타버스 분야(디센트럴랜드, 샌드박스), 예술 분야(슈퍼레어 또는 아트블록에서 거래된 작품), 비디오 게임 분야(엑시 인피니티 또는 갓즈 언체인드)가 시장을 주도하고 있는 것으로 분석된다.

〈그림 16.3〉을 보면 2021년 시장에 현저한 변화가 발생했다는 것을 알 수 있다. 스포츠 분야(소레어 등) 거래가 수집 카테고리에 분류되

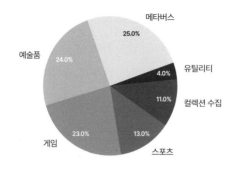

그림 16.2 2020년 거래액 기준 분야별 NFT 분포율

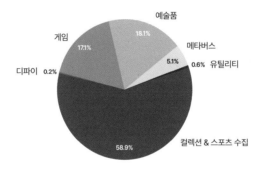

그림 16.3 2021년 거래액 기준 분야별 NFT 분포율

어 있다는 것을 감안하더라도, 2021년 초반의 시장 거품이 수집 분야 (크립토펑크 등)와 예술 분야(슈퍼레어, 아트블록 등)에서 비롯되었다는 것은 분명한 사실이다. 이에 더해 탈중앙화 금융, 디파이(**CHAPTER 31. CHAPTER 19** 참조)가 등장하면서 암호화폐 보유자는 단기간에 유동성을 확보할 수 있게 되었고 이 유동성은 NFT로 흘러들어갔다. 〈그림

16.3〉의 디파이 분야는 우주선 콘셉트 NFT와 디파이를 결합한 디앱, 코메스_Cometh(**CHAPTER 04** 참조)에서 주로 거래된다. 유동성은 디파이 분야를 제외한 다른 분야로도 흘러들어갔다. 2021년 수집 분야 NFT 에서 가장 고가에 판매된 상위 3개 NFT는 2차 시장에서 총 2,400만 달러에 거래된 크립토펑크다. 2021년 예술 분야에서 가장 고가에 거 래된 NFT 작품 네 점 중 두 점은 2차 시장에서 1,300만 달러에 판매 된 NFT 아티스트 엑스카피_XCOPY의 작품이다.[•] 그러나 비플의 작품은 이 모든 거래액을 압도한다. 실제로 비플의 NFT 콜라주 작품은 크리 스티 경매에서 6,930만 달러에 낙찰되었고 또 다른 작품 두 점은 니 프티 게이트웨이에서 각각 600만 달러 이상에 거래되었다.

결국 암호화폐 시세가 NFT 시세에 미치는 영향은 그리 크지 않다 는 결론에 도달한다. 2021년 초반에 이더와 랜드 토큰 간에 긍정적이 고 유의미한 상관관계가 성립되었다고 해도 두 시장 간에 변동성은 상호 영향을 거의 미치지 않는다.[••] 또한 NFT 시장에서 서로 다른 분 야의 NFT는 거래 시세 측면에서 서로 거의 영향을 미치지 않는다는 흥미로운 결론도 내려볼 수 있다.

NFT 시장 거품의 두 번째 요인은 매우 고가에 거래된 NFT 아티스 트 비플의 작품 판매 금액과 관련이 있다. 기록적인 판매액은 미디어

- 그의 작품 「오른쪽 클릭으로 저장(Right-click and Save As guy)」과 「페리맨을 위한 코인(A Coin for the Ferryman)」은 2021년 11월과 12월, 디지털 아트 플랫폼 슈퍼레어에서 각각 1,600이더, 1,330이더에 판매되었다.
- •• doi.org/10.1016/j.frl.2021.102097

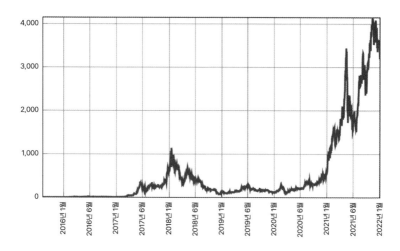

그림 16.4 2015년 말에서 2021년 말까지 유로 환산 이더의 시세 변화 　　(단위: 유로)
2021년 NFT 시장의 거품은 세 가지 요인에서 비롯되었다. 첫째, 암호화폐 업체가 NFT 거래 시
장에 뛰어들면서 암호화폐 열풍이 그대로 NFT로 확산되었다. NFT 전문가 마이클 다울링 교수는
대표적인 NFT(크립토펑크, 엑시 인피니티, 크립토키티, 디센트럴랜드) 시세를 비트코인 및 이더
와 연관 지어 분석했다.

여기저기를 장식했고 NFT 시장에 투자자를 끌어들이는 결과를 가져
왔다. 마지막이자 세 번째 요인으로는 디파이(CHAPTER 19 참조)를 꼽
을 수 있다. 이를 통해 암호화폐 보유자가 단시간에 수익을 내고 획득
한 수익을 NFT 시장에 투자할 수 있게 되었기 때문이다.

　2021년 NFT 시장의 거품과 그 붕괴를 보고 섣불리 미래를 예견할
수는 없다. NFT는 대중의 큰 관심을 불러 모았고 그때부터 NFT 시
장이 크게 출렁인 것은 사실이다. 그러나 NFT 시장의 거품은 이미
붕괴되었고 이런 상황은 오래 지속되지 않을 것이다.

CHAPTER 17

NFT로 돈 버는
최고의 투자법

2014년 이후 등장한 NFT(**CHAPTER 03** 참조)는 디지털 예술 분야
(**CHAPTER 09** 참조), 비디오 게임 분야(**CHAPTER 10** 참조), 수집형 게임 분
야(**CHAPTER 11** 참조), 스포츠 분야(**CHAPTER 12** 참조), 그리고 패션 분야
(**CHAPTER 13** 참조)에 적용되면서 비교적 짧은 시간에 대중의 큰 관심
을 받으며 새로운 투자처로 떠오르고 있다.

NFT에 투자하려면 우선 특정한 전자지갑(**CHAPTER 32** 참조)을 마
련해야 한다. 또한 전자지갑의 기능을 넘어 NFT 초보 투자자도 쉽게
사용할 수 있는 유저인터페이스UI를 찾는 것이 좋다. 또한 NFT 전자
지갑은 최대한 많은 블록체인 및 NFT 마켓플레이스(**CHAPTER 18** 참
조)와 호환되어야 한다. NFT 개발에 이더리움 블록체인이 가장 많이

지갑명	개발사/개발국 (출시일)	플랫폼			지원
		브라우저	스마트폰	데스크톱	
메타마스크 (MetaMask)	미국 (2014)	✓	✓		35
코인베이스월렛 (Coinbase Wallet)	미국 (2012)		✓	✓	83
매스월렛 (MathWallet)	싱가포르 (2019)	✓	✓		52
트러스트월렛 (TrustWallet)	미국 (2017)	✓	✓		51
아이엠토큰 (imToken)	싱가포르 (n/a)		✓		18
엑스디파이 (XDEFI)	영국 (2021)	✓			3
엔진 (Enjin)	싱가포르 (2009)		✓		2
알파월렛 (AlphaWallet)	호주 (2017)		✓		2

표 17.1 NFT 시장에서 이용 가능한 주요 전자지갑 목록

사용되기는 하지만, 다른 블록체인에서도 NFT를 생성하고 매매하려면 다양한 블록체인(**CHAPTER 37** 참조)에서 상호운용성이 보장되어야 한다.[*] 한편 대다수의 NFT 관련 디앱은 웹브라우저 확장 프로그램, 모바일 또는 데스크톱 애플리케이션으로 이용 가능하다. 그러므로 실시간으로 거래를 동기화할 수 있도록 다양한 형태의 장치를 지원하는 것이 좋다.

〈표 17.1〉은 현재 이용 가능한 주요한 NFT 전자지갑 목록이다. 모

- 특히 ERC-721(CHAPTER 35 참조) 또는 ERC-1155(CHAPTER 36 참조) 표준을 따르는 토큰이 지원되어야 한다.

든 전자지갑은 계층적 결정형Hierarchical Deterministic 지갑 또는 HD 지갑으로 지갑 내의 모든 키들이 다른 어떤 정보도 필요로 하지 않는 12자에서 24자의 구문으로 된 시드Seed라고 불리는 하나의 마스터 키에서 파생되며 개인 키의 트리 형식 구조를 결정적으로 생성할 수 있다 (**CHAPTER 32** 참조). 처음에 그레고리 맥스웰이 BIP-0032* 제안에 설명한 이 방식은 특히 하드웨어 지갑에서 실행된다.

전자지갑을 설치할 때에는 시드 구문이 제시되는데, 이 구문을 잘 적어두어야 한다. 전자지갑을 분실하거나 손상이 발생한 경우 이 시드 구문이 있어야 지갑을 비롯해 그 안에 보관되어 있던 자산을 복원할 수 있기 때문이다. 이제 가장 많이 사용되는 전자지갑 몇 가지를 상세하게 살펴보겠다.

메타마스크

블록체인 기반 기술 및 서비스 개발 업체인 컨센시스Consensys에서 개발한 메타마스크는 NFT 제작자나 수집가 모두에게 가장 널리 사용되는 이더리움 NFT 지갑 중 하나다. 처음 메타마스크는 사용자가 접속해 디앱과 상호작용할 때 사용자에게 원활한 인터페이스를 제공하기 위한 브라우저 확장 프로그램(크롬, 파이어폭스, 브레이브, 에지)으로서

• github.com/bitcoin/bips/blob/master/bip-0032.mediawiki

메타마스크 전자지갑 손상에 의한 이지파이EasyFi 해킹

2021년 4월, 디파이 프로젝트인 이지파이 창업자이자 CEO인 앤킷 가우어Ankitt Gaur는 해커가 메타마스크 회사 계정의 개인 키를 해킹해 약 300만 이지 토큰(해킹 당시 7,500만 달러 상당의 가치)을 비롯해 전자지갑에 있는 현금 중 600만 달러를 빼돌렸다고 밝혔다. 이런 해킹이 가능했던 것은 메타마스크 브라우저 확장 프로그램을 변경하는 CEO의 컴퓨터가 공격당했기 때문이다. 실제로 해커는 시드 구문을 이루는 영단어 12개를 손에 넣어 메타마스크 HD 지갑의 모든 키를 해킹했다. 이 사고가 일어난 후, 이지파이는 사용자들에게 스마트 컨트랙트와 상호작용하지 말 것을 요청했고 하드포크를 실행해 EZ라는 새로운 토큰으로 토큰스왑을 단행했다.

악성코드를 심어 메타마스크 전자지갑을 해킹한 사건은 이뿐만이 아니다. 2020년 12월, 넥서스 뮤츄얼 창업자는 가짜 메타마스크 팝업창에 속아 해커에게 800만 달러 이상을 탈취당했다. 이런 사고를 방지하려면 메타마스크를 레저Ledger나 트레저 같은 하드웨어 지갑(CHAPTER 32 참조)과 연동하는 것이 좋다. 그러면 하드웨어 지갑에 있는 개인 키를 공개하지 않고도 계정 잔액 확인, 거래 서명, 스마트 컨트랙트와 상호작용을 할 수 있다. 소프트웨어 지갑과 하드웨어 지갑이 어떤 방식으로 연동하는지는 〈그림 17.1〉(138페이지)에서 확인할 수 있다.

만 존재했다. 2020년 이후, 디파이 애플리케이션과 NFT 탐색을 위한 통합 브라우저와 함께 모바일 버전(iOS 및 안드로이드용)이 출시되었다. 메타마스크 모바일 버전은 한 주소에서 다른 주소로 ERC-721 토큰의 직접 전송을 지원한다. 사용이 편리하고 이더리움과 다른 ERC-20 토큰 간에 직접 거래를 지원하면서 메타마스크는 큰 성공을 거두었다. 이 같은 많은 장점에도 메타마스크는 온라인 소프트웨어 지갑이라는 점에서 분명 한계가 있다. 〈표 17.1〉에 제시된 다른 전자지갑도 마찬가지다. 이런 소프트웨어 지갑은 여러 장치와 상호작용할 수 있다는 장점은 있지만 하드웨어 지갑과 동일한 수준의 보안을 기대할 수는 없다. 특히 피싱이나 브라우저 손상에 의해 공격을 당할 경우, 개인정보가 탈취되거나 전자지갑에서 관리하는 계정이 손상될 수 있다.

코인베이스월렛

미국 암호화폐 거래소인 코인베이스가 개발한 코인베이스월렛은 동명의 마켓플레이스를 통해 암호화폐의 구매, 판매, 보관 서비스를 제공한다. 이 전자지갑은 NFT에 투자하려는 초보자에게 특히 적합하다. 코인베이스 사용자는 페이팔PayPal 거래에서처럼 전자지갑 공개 주소 대신 사용자 이름으로 NFT를 주고받을 수 있으므로 쉽게 NFT를 거래할 수 있다.

트러스트월렛

사용자 친화적인 인터페이스를 보유한 트러스트월렛은 사용자들이 오픈시(CHAPTER 18 참조)나 엑시 인피니티(CHAPTER 10 참조) 같은 NFT 마켓플레이스에 액세스할 수 있도록 미술품 시장 전용 디앱 브라우저를 제공한다. 또한 이더리움 블록체인 이외에도 BNB 체인, 코스모스, 테조스, 솔라나, 질리카(CHAPTER 37 참조) 등 다수의 퍼블릭 블록체인 기반 암호화폐를 지원한다.

엔진월렛

엔진월렛은 NFT 수집을 위한 직관적인 유저 인터페이스를 제공한다. 암호화폐와 토큰(대체 가능 또는 대체 불가능 토큰) 관리 외에도 마켓플레이스가 제공되기 때문에 엔진 코인ENJ이라는 ERC-20 토큰을 이용해 디지털 자산을 거래할 수 있다.* 2021년 3월, 엔진은 삼성과 파트너십을 체결했고 엔진월렛은 NFT를 이용하는 모든 모바일 게임과 모든 삼성 브랜드 기기에 통합되었다. 반면 엔진 애플리케이션(모바일에만 존재하는)은 이더리움에 기반하고 있는 NFT와 자산만을 지원한다.

---

* etherscan.io/address/0xf629cbd94d3791c9250152bd8dfbdf380e2a3b9c#code.

알파월렛

오픈소스 지갑인 알파월렛은 이더리움 애플리케이션과 사이드체인만을 지원한다. 반면 민팅 기능과 NFT수집(**CHAPTER 07** 참조) 기능이 통합되어 있어 초보 콘텐츠 생성자가 사용하기에 적합하다.

어떤 전자지갑을 선택해야 할까

전자지갑은 각자 원하는 방식에 따라 자유롭게 선택하면 된다.

▸ NFT 생성자는 대개 정기적으로 오픈시, 라리블, 파운데이션 또는 슈퍼레어 (**CHAPTER 18** 참조)와 같은 마켓플레이스에 접속해야 한다. 또한 모바일보다는 NFT를 생성할 수 있는 충분한 컴퓨팅 리소스를 갖춘 데스크톱 컴퓨터를 사용하므로 브라우저 확장 프로그램을 제공하는 메타마스크나 매스월렛이 권장된다.

▸ 게임이나 미술품 분야의 NFT 수집가는 모바일 전자지갑을 사용하면 쉽게 거래할 수 있다. 이런 모바일 지갑은 수집품의 저장과 전송을 지원한다. 따라서 메타마스크, 엔진월렛, 알파월렛, 트러스트월렛 모바일 버전이 권장된다.

어떤 전자지갑을 선택하더라도 NFT 자산 보호를 위해서는 선택한 전자지갑을 관리할 때 다음과 같이 디지털 보안을 강화할 필요가 있다.

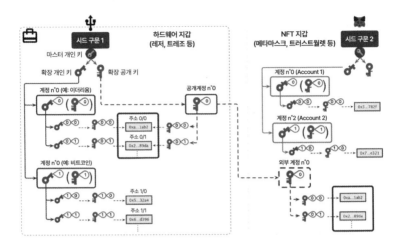

그림 17.1 HD 지갑 간 연동 예시
계정에 연결된 확장 개인 키를 노출하지 않고 하드웨어 전자지갑의 확장된 자식 공개 키에서 양쪽에 같은 주소를 생성할 수 있다.

▶ HD 지갑(하드웨어 또는 소프트웨어)의 시드 구문 전체를 손으로 써서 안전한 장소에 보관해야 한다. 시드 구문은 절대로 온라인 문서나 웹사이트에 입력해서는 안 되며 초기 설정 후 디지털 방식으로 저장해서도 안 된다.

▶ 브라우저 확장 프로그램으로 제공되는 전자지갑의 경우, 사용 후 반드시 잠가 놓아야 하고 컴퓨터를 끄기 전에 로그아웃해야 한다.

▶ 소프트웨어 지갑에 보관된 NFT의 보안을 위해 소프트웨어 지갑을 하드웨어 지갑에 연동하는 것이 권장된다. NFT의 경우 그 가치가 시간이 지나며 더욱 상승할 수 있는 만큼 더욱 신경 써야 한다.

NFT 소프트웨어 지갑을 하드웨어 지갑에 연동시키기

온라인 소프트웨어 지갑('핫 월렛'이라고도 한다)은 인터넷 환경에서 작동하기 때문에 전자지갑에서 관리되는 개인 키는 온갖 사이버 공격에 노출될 수 있다. 따라서 하드웨어 전자지갑(CHAPTER 32 참조)에 연동해 개인 키에 대한 보안을 강화할 필요가 있다. 두 지갑을 연동하려면 '브리지'를 설정해야 한다. 실제로 각 지갑에 해당하는 비밀 구문(계층 결정적 구조에서 사용되는 시드 구문)은 여러 계정에 대한 트리 구조 키들을 파생시킬 수 있고 이를 통해 특정 계정에서 거래에 필요한 주소를 생성할 수 있다. 따라서 하드웨어 지갑은 메타마스크 같은 소프트웨어 지갑과 연동할 수 있으며, 소프트웨어 지갑을 기준으로 계정은 '외부'에 있는 것으로 간주된다. 이는 소프트웨어 지갑이 마스터 키에 있는 자체 계층 구조에서 파생되지 않은 것으로 본다는 뜻이다.

하지만 소프트웨어 지갑은 하드웨어 지갑과 연동하지 않아도 NFT를 전송할 때 동일한 주소를 생성하고 공유할 수 있으며, 거래를 실행할 때만 하드웨어 지갑을 필요로 한다. HD 지갑Hierarchical Deterministic Wallet은 계층 구조를 가지며, 특정 수준의 공개 키를 통해 개인 키에 대한 정보가 없더라도 자식 공개 키를 생성할 수 있다는 특징을 가지고 있다. 이러한 구조를 통해 자식 공개 키를 생성하는 것을 주소 생성이라고 한다.

CHAPTER 18

NFT 거래의
핵심

NFT는 거래가 가능하고 고유하다는 속성이 있어 자산으로서 특별한 가치가 있고 어떤 면에서 원시화폐(**CHAPTER 02** 참조)와 유사한 측면이 있다. 그러나 NFT는 대체할 수 없기에 화폐와는 완전히 성격이 다르다. NFT는 전용 플랫폼에서 다른 암호화폐나 법정통화로 교환할 수 있다. 이후 NFT를 매매할 수 있는 전용 온라인 마켓플레이스(**CHAPTER 16** 참조)가 개발되었는데, 주로 이더로 거래가 이루어지는 슈퍼레어, 오픈시, 라리블이 대표적이다. 마켓플레이스에서 NFT를 매매해 이더를 획득하면 다른 마켓플레이스에서 다른 통화로 교환하거나, 이더를 사용해 실제 또는 가상 세계의 재화와 서비스를 구매할 수 있다. 웹사이트 코인맵coinmap.org에서는 2023년 5월 기준으로 암호화폐로 결제할 수 있는 전 세계 3만 2,066개의 모든 장소(주로 유럽과 북미에 집중되어 있다)를 조회할 수 있다.[*] 2021년 NFT 열풍과 함께 암호화폐 거래 플랫폼 또한 NFT를 직접 사용할 수 있도록 조치하기 시작했다. 최근 몇 년간 NFT 전용 마켓플레이스의 수는 현저하게 증가했다. 현재 사용 가능한 주요 마켓플레이스 목록은 〈표 18.1〉과 같다(146페이지). 이제 주요한 몇몇 마켓플레이스에 대해 상세하게 알아보겠다.

주요 NFT 마켓플레이스

오픈시

2017년 출시된 오픈시OpenSea는 이용자가 가장 많은 NFT 마켓플레이스다.[**] 크립토키티(CHAPTER 08 참조)로 인해 처음으로 NFT 붐이 일면서 오픈시는 크게 성장했고 2018년 초, 막대한 투자금을 유치한 이후 경쟁사를 모두 제치고 NFT 거래소 1위 자리에 등극했다. 오픈시에서는 ERC-721(CHAPTER 35 참조) 표준을 따르는 이더리움 블록체인(CHAPTER 29 참조) 기반 NFT만 거래할 수 있다. 거래는 크게 고정 가격 판매와 경매 형태로 이루어진다. 경매의 경우 '더치 옥션' 방식이나 일반 경매 방식을 취한다. 거래에는 여러 통화를 사용할 수 있는

[*] coinmap.org/view
[**] opensea.io

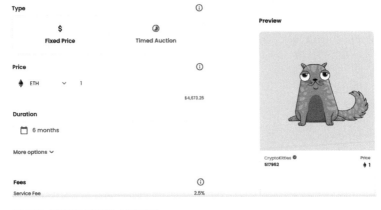

그림 18.1 오픈시에서 판매되는 크립토키티

데, 이더뿐만 아니라 스테이블코인인 유에스디시USDC와 다이DAI도 사용 가능하다. 거래 시 최종 판매가의 2.5%를 수수료로 부과한다.

슈퍼레어SuperRare

픽서라Pixura(ERC-721 형태의 NFT 수집품을 만들고, 추적하고 거래할 수 있는 플랫폼, **CHAPTER 35** 참조)의 창립자가 2018년 4월 공식 출시한 슈퍼레어는 예술가와 수집가를 연결해 이더리움 블록체인 기반 NFT 디지털 아트를 생성, 판매, 수집, 평가할 수 있는 플랫폼이다.[*] 슈퍼레어는 예술 분야의 진정한 소셜네트워크이자 마켓플레이스를 표방하며 인정받기 시작했고 이를 증명하듯 2021년 3월에는 프로젝트에 투입될

[*] superrare.com

900만 달러 가량의 투자금을 유치하기도 했다. 슈퍼레어의 수익 모델은 NFT 시장 유형에 따라 달라진다(**CHAPTER 16** 참조).[*]

- ▸ **1차 시장:** 작가의 작품을 전시하고 판매 금액의 15%를 거래 수수료로 받는다.
- ▸ **2차 시장:** 3%의 수수료가 발생하고 원작자는 10%를 로열티로 받는다.

슈퍼레어는 2021년 8월 새로운 토큰인 레어ᵣᴀʀᴇ 토큰[**]을 출시하면서 중대한 전환을 꾀하고 있다. 레어 토큰은 거버넌스 카운슬러의 지원을 받는 커뮤니티의 핵심이자 플랫폼의 미래라 할 수 있는 슈퍼레어 갤러리(스페이스)를 운영하기 위한 탈중앙화 자율 조직ᴅᴀᴏ 거버넌스[***]에 사용된다. 탈중앙화 자율 조직 거버넌스로의 전환을 위해 4년에 걸쳐 10억 개의 레어 토큰 배포가 예정되어 있다.

라리블Rarible

2020년에 출시된 러시아 플랫폼 라리블[****]은 아티스트들이 자신들의 디지털 작품의 소유권을 인증한 NFT(**CHAPTER 14** 참조)를 생성하고 판매할 수 있는 플랫폼이다. 라리블에서는 블록체인 초보자도 자신의 NFT를 생성할 수 있다(**CHAPTER 33** 참조). 라리블은 거버넌스

---

[*]   etherscan.io/address/0xb932a70a57673d89f4acffbe830e8ed7f75fb9e0#code
[**]   docs.superrare.com. etherscan.io/address/0xba5BDe662c17e2aDFF1075610382B9B691296350#code.
[***] 0x860a80d33e85e97888f1f0c75c6e5bbd60b48da9.
[****] rarible.com

에 사용되는 전용 토큰 라리_{RARI}를 개발했다.[●] 라리는 플랫폼 활동이 활발한 사용자에게 보상을 지급하고 사용자들에게 플랫폼의 수수료에 관한 제안을 하거나 특정한 제안에 투표를 하고 또는 콘텐츠를 감독할 수 있는 권한을 주기 위해 고안되었다. 라리블은 의사결정권이 전적으로 사용자에게 있는 다오(**CHAPTER 30** 참조)를 지향한다. 플랫폼 사용자에게 플랫폼 운영의 결정권을 부여한 라리블의 최종 목표는 '공공재'로서 기능하는 것이다. 슈퍼레어가 거버넌스 모델로의 전환을 꾀하는 것도 라리블의 이런 운영방식에 영향을 받았기 때문이다.

아토믹 허브AtomicHub

왁스_{WAX, Worldwide Asset eXchange} ^{●●}는 위임지분증명_{DPoS}(**CHAPTER 23** 참조)을 기반으로 하는 블록체인으로 거래 검증의 양과 속도를 높일 수 있어 효율적인 시스템을 제공한다.^{●●●} 아토믹 허브^{●●●●}라는 마켓플레이스를 운영하는 이 블록체인에서 사용자는 NFT를 생성할 수 있다. 아토믹 허브 마켓플레이스에서는 총 6,700만 개 이상의 NFT가 생성됐다. 일일 33만 5,000건 이상의 거래가 실행되고 있고 그에 따라 5만 7,000개 이상의 토큰이 생성되고 있다.^{●●●●●}

●   etherscan.io/address/0xfca59cd816ab1ead66534d82bc21e7515ce441cf#code

●●   on.wax.io/wax-io/

●●● 이 시스템 역시 대다수 블록체인과 마찬가지로 기본 난수 생성 시스템을 제공한다. 따라서 대다수 블록체인과 달리 블록 검증 시 생성된 값을 이용하는 랜덤 변수가 생성되지 않는다. 그 결과 블록 검증자가 무작위성을 조작할 위험을 방지할 수 있다.

●●●● wax.atomichub.io

●●●●●wax.atomichub.io/explorer

바이낸스

세계 최대 암호화폐 거래소인 바이낸스⦁는 2021년 6월 24일 NFT 마켓플레이스 바이낸스 NFT를 출시했다. 바이낸스의 NFT 거래 플랫폼은 크게 '프리미엄 이벤트'와 '표준 거래 마켓'으로 나뉜다. 프리미엄 이벤트에서는 엄선된 작품만을 선보이는 고급 전시회가 열린다 (판매액의 10%가 수수료로 부과되며 여기에는 광고비와 운영비가 포함되어 있다). 반면 표준 거래 마켓에서는 이용자가 최소 비용으로 쉽게 NFT를 생성할 수 있다(판매금액의 1%를 수수료로 낸다). 바이낸스 NFT가 시작될 때부터 참여했던 유명인으로는 래퍼 릴 야티Lil Yachty, 카일Kyle, 축구선수 알폰소 데이비스Alphonso Davies, 마이클 오언Michael Owen, 구티Guti를 꼽을 수 있다. 디지털 아티스트이자 화가 트레버 존스Trevor Jones와 프랭크Frank도 바이낸스 NFT를 이용한다. 신속하고 쉬운 거래를 위해 바이낸스 NFT는 주요 암호화폐 거래소인 바이낸스와 사용자 계정을 공유한다. 바이낸스 NFT와 그 거래에는 암호화폐 거래소의 BNB 체인이 이용되므로 이더리움 대비 수수료가 훨씬 저렴하다. 그렇지만 바이낸스 NFT는 이더리움 네트워크(**CHAPTER 22** 참조) 역시 지원한다. 바이낸스 NFT는 플랫폼을 구동하는 바이낸스 스마트 체인을 사용하는 덕분에 이더리움 대비 수수료가 저렴하다는 장점이 있으므로, 바이낸스 암호화폐 거래소를 이용하는 수백만 명의 사용자를 포함해 더 많은 NFT 사용자를 끌어모을 수 있는 가능성이 있다.

⦁ www.binance.com/fr/nft/

NFT 마켓플레이스 비교

NFT 시장이 폭발적으로 성장한 만큼, 현재 이용 가능한 모든 마켓플레이스를 모두 다루기는 어렵다. 따라서 각자의 사용 목적에 따라 적절한 플랫폼을 선택할 수 있도록 현재 가장 많이 이용되는 주요 NFT 마켓플레이스의 특성을 다음과 같이 정리했다.

마켓플레이스	가스비				서비스 수수료	지원 포맷 (사진/비디오/오디오/그 외)
	컨트랙트	민팅	리스팅	경매		
오픈시	✓	✓			2.5%	jpg, png, gif, mp4, webm mp3, wav, ogg, glb, gltf, svg
라리블	✓	✓	✓		2.5%	jpg, png, gif, webp, mp4, wmv, mp3
파운데이션		✓	✓	✓	15%	jpg, png, gif, mp4
슈퍼레어		✓			15%	jpg, png, gif, mp4
조라		✓			0%	jpg, png, gif, tiff, mp4, mov mp3, wav, psd, pdf, ai, md
니프티 게이트웨이		✓			20%	jpg, png, gif, mp4
민터블					5%	jpg, png, gif, mp4, glb
아토믹 허브	✓				2%	jpg, png, gif, mp4
메이커스플레이스		✓			15%	jpg, png, gif, tiff, mp4

표 18.1 주요 NFT 마켓플레이스의 특징

CHAPTER 19

디파이에서 기능하는 NFT

2021년 기준 NFT(**CHAPTER 01** 참조)와 디파이(**CHAPTER 31** 참조)는 블록체인 기술에서 가장 유망한 분야로 꼽힌다. 두 분야는 실질적으로 가장 널리 사용되는 기술이기도 하다. 그렇다면 두 분야가 결합될 때, 특히 NFT가 디파이 분야 개발에서 어떤 역할을 하는지 알아보자.

NFT는 가치를 물질화하는 새로운 방식이며 토큰 가격이 높게 평가되면 고유성이 있는 토큰에 내재된 가치는 더욱 커진다. 한편 디파이는 하나의 가치를 지닌다(**CHAPTER 16** 참조). 따라서 두 기술이 결합되면 NFT의 가치가 제대로 평가되는 시너지 효과를 기대할 수 있다. 그런데 디파이 NFT는 이미 간접적으로 결합되어 있다고 볼 수 있다. 라리블 마켓플레이스가 자체 통화 라리(**CHAPTER 18** 참조)를 개발한 것이 바로 그 좋은 예다. 라리는 탈중앙화 자율 조직인 다오(**CHAPTER 30** 참조)의 모든 메커니즘을 구현하는 거버넌스 토큰으로 라리 소유자는 마켓플레이스의 주요 안건에 투표할 수 있고 마켓플레이스 관리에 참여할 수 있다. 라리는 이미 유니스왑 같은 탈중앙화 플랫폼에서 활발하게 거래되고 있다.

디파이는 주로 암호화폐를 담보로 걸고 일정 금액을 대출받거나 다른 담보를 제공하고 암호화폐를 대출받는 방식으로 작동한다. 일반적으로 대출할 때는 차용인에게 담보를 요구하는데(**CHAPTER 31** 참조), 대출을 받으려면 신용도가 좋고 담보도 충분해야 하기 때문에 쉽지 않다. 그러나 대출에 NFT 기술이 접목되면 디지털 전당포의 개념을 적용할 수 있다. 예를 들면, 대출이 필요하지만 보유하고 있는 NFT를 팔고 싶지 않은 사용자는 NFT를 담보로 제공할 수 있다. 만약 차용인이 대출을 상환하지 않으면 대출기관은 담보로 가지고 있는 NFT의 소유권을 획득한다. 그러나 대출이 상환되면 차용인은 해당 NFT를 되찾을 수 있다.

한편 몇몇 NFT는 생성자에게 일정한 수익을 보장해주기도 한다. 아티스트의 경우 자신의 NFT 작품 이용 라이선스가 판매되어 거래될 때 로열티를 받을 수 있기 때문이다. 이런 NFT를 보유한 사람은 NFT 시세에 따라 구체적이고 정기적인 소득이 있다는 것을 증명할 수 있다. 따라서 대출을 신청할 때 이 NFT가 수입원으로 고려될 수 있다.

NFT파이

NFT파이NFTfi는 NFT 자산을 담보로 정해진 기간에 대출을 실행할 수 있는 NFT와 디파이 서비스가 혼합된 담보 대출 플랫폼이다. 일반적으로 담보란 양측 간 금융 거래, 즉 채무에서 발생한 신용리스크를 보전해주기 위해 채무자가 채권자에게 제공하는 모든 자산, 채권, 또는 현금을 말한다.

▶ 채무자는 NFT, 보다 정확히 ERC-721 토큰(이더리움 네트워크에서 사용하는 경우)을 담보로 이용할 수 있다. 대출이 수락되면 채무자에게는 이더가 지급되고 NFT파이 스마트 컨트랙트에서 NFT가 담보로 제공된다. 대출이 상환되면 NFT도 반환된다. 반대로 만기일 전까지 대출 전액이 상환되지 않으면 NFT는 채권자에게 이전된다.

▶ 채권자는 NFT파이를 통해 수익을 얻을 수 있다. 엑시 인피니티, 갓즈 언체인드, 디센트럴랜드, 더샌드박스, 크립토키티 같은 게임(**CHAPTER 08**, **CHAPTER 10**, **CHAPTER 11** 참조)에서 발행한 모든 NFT가 대출 담보로 이용될 수 있다. 채무자가 대출을 상환하지 않는 최악의 경우, NFT는 채권자에게 돌아간다. NFT파이 대출의 가장 큰 목적은 블록체인에 이미 존재하는 간단한 보증으로 개인 간 소액 단기 제출을 제공하는 데 있다.

CHAPTER 20

NFT에
가해지는 법적 규제

2021년, 거의 전 세계적으로 NFT는 규제 대상이 아니었다. 다시 말해, 어떤 법규(법률, 법령, 조례 등)로도 NFT를 규제할 수 없었다. 이런 상황으로 인해 NFT 시장의 이해 관계자들은 법의 허점을 이용할 수 있었다. 그러나 이제는 각국 정부에서 NFT를 자산으로 인정하는 분위기다. 대한민국에서도 NFT의 정의를 내리고 규제 여부를 위한 조사, 분석이 진행되고 있는 상황이다. NFT에 대한 법적 성격을 동일하게 규정하고 단일 법령으로 규제하기 어려운 측면이 있어 신중한 접근이 필요한 상황이므로 국내보다 먼저 NFT를 규정하고 법령을 공표한 프랑스 사례를 살펴보자.

국내의 NFT 규제

국내 NFT 시장은 확대되고 있으나 이와 관련한 법적 제도와 규정은 미비한 상태이다. NFT는 실물 자산을 디지털화할 수도 있고 유틸리티적인 가치를 지닌 새로운 디지털 자산으로 창조하는 것도 가능하다. 2021년 11월 23일, 금융위원회에서는 NFT는 일반적으로 가상자산이 아니지만 다만 결제 및 투자 수단으로 사용될 경우에는 해당될 수 있다고 보도자료를 내놓았다. 이처럼 NFT가 무엇을 표상하는 디지털 파일인지에 따라서 가상자산이 될 수도 있고, 증권이 될 수도 있다. NFT는 하나의 법적 지위로 규정하기 어렵고, 다양한 성격을 지니는 만큼 섣불리 일원화된 규제가 나오지 않는 이유이기도 하다. 현재 국내에서는 NFT 관련 규정을 내용으로 한 법안은 없고, NFT를 디지털자산으로 규정하고 디지털자산 전담기구 설치에 대해서는 논의되고 있는 실정이다.

프랑스의 NFT 과세

모든 디지털 자산을 생성하기 위해 소유자는 특허, 상표, 저작권, 그 외 지적 재산권에 관련된 승인 절차를 실행해 NFT 자산을 사용할 권리를 확보해야 한다. 또한 NFT 블록체인의 특성, 암호화폐 관련 규정, 일부 NFT 자산에 대한 투기 가능성, 미래에 발생할 로열티를 스마트 컨트랙트에 통합할 수 있는 가능성 등을 비추어볼 때, NFT 자체를 비롯해 거기에서 파생되는 일부 서비스는 유가증권으로 취급되어 규제 대상이 될 수 있다. 따라서 NFT를 제공하고 판매하는 기업은 이 문제에 대한 규제기관의 방침과 변경사항에 항상 관심을 기울여야 한다.

대한민국 NFT 시장 상황

국내 NFT는 디지털 수집품을 넘어 메타버스와의 융합 및 상호 운용성을 만들며 그 거래 규모가 커지고 있다. 엔씨소프트NCSOFT, 위메이드WEMADE, 와이지YG, 하이브HIVE, 에스엠엔터테인먼트SM 등 다양한 분야의 기업들이 NFT 시장에 뛰어들어 그 가능성을 높이고 있는데 명확한 규제가 없다 보니 그 방향성이 모호한 상황이다.

특정 금융거래정보의 보고 및 이용 등에 관한 법률(일명 특정금융정보법) 적용 여부, NFT가 가상자산에 해당하는지 여부, 소득세법 적용 여부, 자본시장법 적용 여부, 저작권법 적용 여부 등 다양한 이슈를 종합하여 명확한 기준 설정이 필요한 상황이다.

특히 특정금융정보법상의 개념 정의 규정이 매우 폭넓게 되어 있기 때문에 시장에 미치는 영향, 규제의 필요성, 규제로 인해 예상되는 효과를 종합적으로 고려하는 것이 타당하며, 이러한 사항의 검토를 위해 관련 전문가 협의체가 필요하다. 그 외 가상자산에 관련한 신고 의무 내용은 다음을 참조하자.

▸ 가상자산사업자의 신고 의무: 특정 금융거래정보의 보고 및 이용 등에 관한 법률에 의하면 가상자산사업자는 대통령령으로 정하는 바에 따라 1. 상호 및 대표자의 성명, 2. 사업장의 소재지, 연락처 등 대통령령으로 정하는 사항을 금융정보분석원장에게 신고하여야 함(특정금융정보법 제7조 제1항). 만약 이러한 신고를 하지 아니하고 가상자산거래를 영업으로 하는 경우(거짓이나 그 밖의 부정한 방법으로 신고를 하고 가상자산거래를 영업으로 하는 경우를 포함) 5년 이하의 징역 또는 5,000만 원 이하의 벌금에 처함.

▸ 가상자산사업자의 조치 의무: 특정금융정보법 제4조 제1항(불법재산 등으로 의심되는 거래 보고 등), 제4조의2(금융회사 등의 고액 현금거래 보고)에 따른 보고의무 이행 등을 위하여 고객별 거래내역을 분리하여 관리하는 등 대통령령으로 정하는 조치를 취하여야 함(특정금융정보법 제8조). 이를 위반할 경우 1억 원 이하의 과태료가 부과될 수 있다(특정금융정보법 제20조).

▸ 소득세법: 특정금융정보법의 가상자산을 양도하거나 대여함으로써 발생하는 소득은 '가상자산소득'으로 분류될 예정이며(소득세법 제21조 제1항 제27호), 이러한 가상자산소득은 기타소득으로 분류되어 기타소득세가 부과될 예정이다 (소득세법 제37조, 제119조 등).

전 세계의 NFT 관련 법규

NFT는 디지털 개체이기 때문에 국경을 초월해 존재할 수 있다. 따라서 NFT가 생성된 국가의 법규가 적용된다. 그런데 NFT에 관한 법규는 각 국가별로 차이가 있다. 예를 들어 독일은 은행법Kreditwesengesetz 에서 암호화 자산을 '중앙은행이나 공공기관이 보증하거나 발행하지 않는 디지털 형태의 유가증권으로, 법정통화는 아니지만 합의 또는 관행에 의해 결제나 투자 또는 거래의 수단으로 이용될 수 있고 전자적으로 전송, 저장 또는 교환할 수 있다'라고 정의한다. 그러므로 독일에서 암호화 자산은 화폐의 정의와 유사하다. 그렇지만 NFT에 관련해서는 프랑스와 마찬가지로 법적 모호성이 존재한다. 각 NFT의 특성과 특정 상황에 따라 수많은 변수가 발생할 수 있기 때문이다.

NFT는 블록체인을 기반으로 하는 새로운 형태의 비물질적 객체이다. 법조계와 입법부는 NFT에 대해 여전히 명확한 법적 테두리를 정의하지 못하고 있다. NFT의 부상, 그와 관련된 경제적 쟁점, 그리고 관련 애플리케이션의 파생을 고려할 때, 향후 몇 년 안에 NFT에 관한 법규가 제정될 가능성이 매우 높다.

실제로 2021년 4월 15일, 프랑스 상원의원 제롬 바쉐는 정부에 NFT에 관한 명확한 규제를 마련해달라고 요청했다. NFT를 둘러싼 법적 분쟁은 이미 시작되었으므로 암호화 자산에 관련된 판결이 판례로 이용될 수 있을 것이다.

유럽연합은 암호자산시장규제MiCAR, Markets in Crypto-Assets Regulation를 제정해 암호화 자산을 '분산원장기술 또는 그와 유사한 기술을 통해 전자적으로 전송, 저장되는 디지털 형태의 가치나 권리'라고 정의했다. 이런 정의는 매우 광범위하며 NFT의 모든 특성을 다루고 있지는 않다. 특히 NFT의 특수성을 고려해야 하는 입법기관은 NFT 관련 규제에 관해 풀어야 할 숙제가 많다.

전 세계적으로 볼 때, 브라질, 멕시코, 아르헨티나, 콜롬비아 등 라틴아메리카 국가에서는 암호화 자산과 NFT를 관리하기 위한 규제를 마련했다. 이 규제는 잠재적으로 발생할 수 있는 돈세탁을 방지하기 위한 목적이 있다. 그리고 이런 규제는 계속해서 보완되고 있다. 그럼에도 NFT라는 신기술을 다루기에는 여전히 부족한 부분이 많아 보인다.

CHAPTER 21

NFT에 적용될 수 있는 법 조항

NFT는 블록체인을 활용해 무형 자산의 소유권, 특히 그래픽 아트 작품과 같은 디지털 파일의 소유권을 등록하는 기술이다. 예를 들어 비플의 작품(**CHAPTER 09** 참조)은 암호 해시함수로 처리되는 메타데이터를 포함하고 있는 319메가바이트의 이미지 파일이다. 이런 NFT 파일을 고가로 구매한 사람은 해당 파일을 보유하게 된다(**CHAPTER 06** 참조). 만약 이 파일이 분실되면 해시함수도 NFT도 쓸모없어지며 영구적으로 손실된다. 이 파일이 복사되어 있다고 해도 문제는 여전히 남는다. 복사본의 해시함수는 원본의 해시함수와 같기 때문이다. NFT가 디지털 원본의 1차 소유권을 증명하는 데 유리한 이유가 바로 이 때문이다. 법에서는 대개 채권과 물권을 분리한다. 물권은 타인의 간

섭을 배제할 수 있다는 점에서 채권과 구분된다. 따라서 특정한 물건에 대해 직접적이고 즉각적인 권리를 가질 수 있다.

- ▸ 물권은 특정한 물건을 직접 지배해 배타적 이익을 취할 수 있는 권리다.
- ▸ 채권은 채권자가 채무자에게 특정한 의무를 실행하도록 요구해 이익을 취할 수 있는 권리다.

NFT 디지털 파일에 물권이 적용되는 경우

물권의 영역에서 NFT는 한 작품의 디지털 파일 원본에 대한 소유권 증명서라 할 수 있다. NFT는 디지털 파일의 소유권 증명서 역할을 하기 때문에 증명서를 발급할 수 있고 해당 파일을 소유하고 있다는 표식이 된다. 또한 NFT는 저작권, 특히 재판매 보상청구권을 보장하고 향후 거래 이력의 관리가 가능하다.

한편, NFT를 이용하려면 관련 법 규정을 명확하게 짚어봐야 한다. 실제로 계약 당사자가 디지털 자산을 나타내는 증서를 비롯해 디지털 자산의 소유권을 양도하려 할 때, 이 소유권에 대한 책임은 판매자에게 있다.*

NFT 소유권과 저작권은 분리되어 있을까

어떤 작품의 NFT를 소유하는 것과 그 작품의 저작권을 갖는다는 것은 다른 문제다. 비플로 알려진 디지털 아티스트 마이크 윙켈먼Mike Winkelmann은 5,000개의 이미지로 구성된 「매일: 첫 5,000일」을 판매한 직후 2019년 3월, 4,344일째 제작한 해당 작품의 이미지 중 하나인 「오션 프론트Ocean Front」를 경매에 내놓았다. 이 이미지는 니프티 게이트웨이에서 600만 달러에 판매되었다(수익금은 재단에 기부되었다).

크리스티 경매에서 NFT를 구매한 비네시 순다레산Vignesh Sundaresan은 개별 이미지를 판매할 권리는 없다. 반대로 윙켈먼은 저작권의 소유자로서 자신의 작품 전체 또는 일부분을 판매할 권리가 있고 그 목적이 수익 창출이라 해도 상관없다. 순다레산은 윙켈먼의 작품을 NFT로 소유하고 있을 뿐이다.

NFT에 채권이 적용되는 경우

채권은 채무자가 해야 할 의무를 요구할 수 있는 채권자의 권리다 (무언가를 해야 할 의무일 수도 있고 무언가를 하지 않아야 할 의무일 수도 있다). 채권은 물권과 달리 누구에게나 행사할 수 있는 것이 아니다. 따라서 채권자는 상대방의 채무변제 불능 상태에 직면할 수도 있다. 이럴 때 NFT는 유용하게 사용될 수 있다. 중개자의 개입 없이 채권을 직접 판매할 수 있을 뿐만 아니라 스마트 컨트랙트를 통해 채권 계약을 발행하고 계약에서 명시한 여러 가지 사항을 자동으로 실행할 수 있기 때문이다. 그에 대한 예시는 다음 박스글에서 살펴볼 수 있다.

* L.122-8조: 유럽 공동체 회원국 또는 유럽 경제 지역 협정국에 속해 있는 그래픽 및 조형 작품의 원본 작가는 추급권을 갖는다. 이는 미술 시장 관련자가 판매자, 구매자, 또는 중개자로 개입할 때, 작가 또는 그의 권리를 양도받은 자가 최초로 작품의 양도를 실행한 후, 해당 작품의 모든 판매에 참여할 수 있는 권리이다. 단, 판매자가 작품을 재판매하려는 시점으로부터 3년 이내에 작품을 작가로부터 직접 구매했거나 판매 가격이 1만 유로를 초과하지 않는 경우, 예외적으로 추급권이 적용되지 않는다. 본 조항에서 원작이란 작가가 직접 창조한 작품, 작가가 직접적으로 또는 작가의 책임하에 한정된 수량으로 생성한 복사본을 일컫는다. 2224조: 대인 또는 동산에 대한 소송 시효는 권리 소유자가 권리를 행사할 수 있는 사실을 알았거나 알았어야 하는 날로부터 5년으로 규정한다.

테니스 선수의 오른팔을 내 것으로 만들 수 있다

우크라이나의 프로 여자 테니스 선수인 올렉산드라 올리니코바Oleksandra Oliynykova 는 자신의 오른팔과 어깨 일부분을 사용할 권리를 NFT로 판매했다(15×8cm 크기의 오른쪽 팔꿈치 윗부분으로 8일 만에 3이더에 판매되었다). 관련된 ERC-1155 토큰 계약에는 NFT 소유자가 이 선수의 팔에 특정 브랜드를 나타 내는 문신을 새길 수 있다고 규정되어 있다(그러나 사행성 게임이나 도박 광고 는 허용되지 않는다).

따라서 계약으로서 NFT를 발행하는 것은 프랑스 민법 제3권 1113조에 따라 소유권 획득의 다양한 방식의 제공 및 수락으로 해석될 수 있다.

만약 NFT 발행자가 약속한 행위를 실행하지 않으면 어떻게 될까? 계약 불이행 에 관한 민법 1217조를 적용할 수 있겠지만 최초 구매자가 NFT를 제3자에게 양도한 경우라면 문제는 더욱 복잡해진다. 통상법 전문 변호사에 따르면, 채무

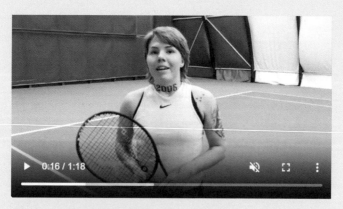

그림 21.1 NFT로 판매된 올렉산드라 올리니코바의 오른팔 영상

관련 예외사항의 대항력 조항(민법 제1권 1216-2조)에 근거해 NFT 최종 구매자는 발행자와 맺은 계약 관계에서 최초 구매자와 동일한 법적 지위를 갖는다. 따라서 최종 구매자는 NFT의 최초 판매 대금만 환불받을 수 있다.

CHAPTER 22

NFT 개발의
한계

대다수의 NFT가 이더리움 블록체인을 기반으로 개발되고 있는 가운데, 2020년 3월 이후 NFT 시장 및 개발에 걸림돌이 되는 문제가 발생했다. 거래에 대한 가스비가 급상승한 것이다.• 가스비는 이더리움의 요청에 따라 높아진다. 가스비는 정확하게 이더리움 블록체인에 데이터를 전송할 때 드는 컴퓨팅파워에 대한 대가라고 할 수 있다. 그래서 이더리움 블록체인 내에서 거래가 많아지고 연산량이 많아지면 가스비가 상승할 수밖에 없다. 오른쪽 그림에서 보는 것처럼 가스

●   2021년 최고 판매량을 살펴보면 NFT 프로젝트 10건 중 8건이 이더리움을 기반으로 실행되었다.

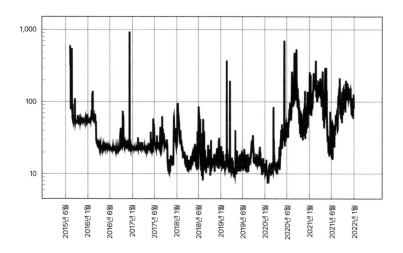

그림 22.1 이더리움 평균 가스비 변화   단위: 기위

비는 기위Gwei(CHAPTER 29 참조) 단위로 표시되며 심할 경우 거래당 몇 천 원이 소요될 때도 있다.*

    이더리움 출시 이후 1단계 안정화가 이뤄지자 2017년 크립토키티 (CHAPTER 08 참조)가 출시되면서 이더리움 네트워크는 포화 상태가 되었고 거래량이 폭발했다. 그리고 이때 처음으로 가스비가 정점을 찍었다. 이후 2017년에서 2018년에 ICO(CHAPTER 30 참조)가 붐을 일으키면서 가스비가 상승했다. 그리고 2020년, 디파이(CHAPTER 31 참

• 이더를 전송할 때는 2만 1,000가스 유닛이 필요하며 스마트 컨트랙트에는 더 많은 가스 유닛이 요구된다. 현재 평균 가스 유닛당 가격이 110기위라면 거래당 소요되는 가스비는 21,000×110기위=2,310μETH이다. 2023년 5월 8일 기준으로, 1이더는 대략 250만 원이며 거래당 가스비는 약 3,700원 이상이다.

조)와 NFT가 붐을 일으키면서 가스비는 2020년 한 해에만 20배 가까이 상승했다.

이런 가스비의 폭등은 이더리움 네트워크가 포화 상태에 이르렀다는 방증이다. 실제로 레이어 1 블록체인의 모든 프로토콜을 처리하고 검증하는 모든 거래 상태(계정 잔액, 계약 코드 및 스토리지 등)는 네트워크상에 있는 각 노드의 컴퓨팅파워에 달려 있어서 이더리움 네트워크에서의 TPS_{Transactions Per Second}(초당 거래 처리 횟수)는 한계점에 도달했다고 볼 수 있다.

이더리움의 경우 거래 시간은 약 6분, 거래 처리 횟수는 15TPS에서 25TPS다. 이런 조건에서 NFT 자산을 거래하거나 생성할 때 적시에 합리적 비용으로 거래를 처리하기는 어렵다. 이렇게 급상승한 거래 비용은 새로운 디앱의 개발과 도입에 방해 요소로 작용한다. 이더리움은 문제를 충분히 인지하고 이를 극복하기 위한 여러 솔루션을 검토하고 있다. 솔루션은 크게 온체인과 오프체인 솔루션으로 나눌 수 있다. 이런 솔루션 이외에 특히 NFT 프로젝트는 이더리움 블록체인의 대안(**CHATPER 37** 참조)으로 떠오른 플로우_{Flow}, 니어_{Near}, 폴리곤_{Matic}, 솔라나_{Solana}와 같은 블록체인으로 눈을 돌리고 있다.

▶ 레이어 1 온체인 솔루션으로는 샤딩_{Shading}과 지분증명으로의 전환이 있다. 이는 이더리움 2.0의 핵심 솔루션이다. 이더리움 2.0 업데이트는 네트워크의 속도와 가스비에 관련된 문제를 현저하게 개선해주었으며 초당 최대 10만 건의 거래를 처리할 것이 기대된다. 이를 위해 이더리움에서는 여러 차례 업그레이드를 진행

했고 가장 최근에는 머지The Merge 업그레이드를 실행했다. 이더리움 2.0으로의 머지가 진행되면서 여러 다른 솔루션이 동시에 실행되었다.

▶ 메인체인(이더리움) 위에 구축되는 오프체인 레이어 2 솔루션은 다음과 같다.

1. **스테이트 채널**State Channels: 라이트닝 네트워크Lightning Network의 페이먼트 채널 개념을 도입한 스테이트 채널은 외부에서 데이터를 처리하고 마지막 값만 블록체인으로 전송하는 구조다. 중간 거래 과정을, 상대적으로 처리속도가 빠르고 데이터 처리 비용이 저렴한 오프체인(외부)에서 처리하기 때문에 속도를 개선시키고 수수료를 절감할 수 있다. 특히 소액 거래 건수가 많을 경우 스테이트 채널을 활용하면 비용적으로 더 효율적이다.

2. **사이드체인**Sidechains: 메인 블록체인(이더리움)에 연결된 또 다른 블록체인으로 메인체인의 거래 일부분을 처리함으로써 메인체인이 할 일을 도와주는 솔루션이다. 사이드체인은 메인체인에 의존하지 않는 독립된 블록체인 네트워크로 자체 합의 알고리즘과 검증자가 있다.

3. **플라즈마**Plasmas: 플라즈마는 스마트 컨트랙트와 머클 트리Merkle Tree (블록에 포함된 거래 내역을 나무 형태로 요약한 것)를 사용해 이더리움 블록체인 위에 수많은 자식 체인을 만들 수 있는 솔루션이다. 이를 통해 체인들이 공존하면서도 독립적으로 작동할 수 있다. 따라서 메인 블록체인에 문제가 발생해도 자식 블록체인에서 데이터를 보존할 수 있다. 각 체인에는 유효한 블록을 검증하고 특정

한 부정행위 방지를 위한 오퍼레이터가 존재한다. 잘못된 거래가 이뤄질 때 사용자가 메인체인에 이의를 제기하면, 메인체인은 거래를 종료시키고 블록 생성자에게 페널티를 가한다. NFT 분야에 이런 솔루션을 구현한 것이 바로 플라즈마 캐시Plasma Cash다.

4. **롤업Rollups**: 이더리움의 확장성 문제를 해결하기 위해 외부에서 거래를 실행하고 그 결괏값만 이더리움에 기록하는 솔루션이다. 본래 이더리움 네트워크에서는 모든 거래를 컴퓨팅파워를 들여 처리해야 했지만, 이 과정이 메인체인 외부에서 실행되면서 보다 많은 거래를 처리할 수 있게 됐다.

이더리움 2.0의 핵심, 샤딩

온체인 확장 솔루션은 블록체인 자체에서 실행되는 솔루션이다. 샤딩은 '조각내다'라는 뜻으로, 데이터베이스의 데이터를 여러 부분으로 나누는 것을 의미한다. 이를 이용하면, 전체 이더리움 블록체인 네트워크를 여러 부분으로 나누어 각 부분에서 거래를 검증하고 저장할 수 있다. 샤딩은 지분증명으로의 전환과 동시에 실행되며, 한 노드에서 모든 거래를 처리하던 것을 각 샤드 체인이 처리함으로써 거래 속도가 저하되는 것을 방지하고 네트워크의 효율을 높일 수 있다. 다만 블록 추가에 대한 합의를 위해서는 전체 샤드가 일관된 상태를 유지해야 한다.

비콘체인에서 시간은 에포크Epoch로 분할되는데 에포크는 여러 개의 슬롯Slot으로 이루어진 한 주기이며, 단일 에포크는 32개 슬롯으로 구성되어 있다. 각 슬롯은 비콘체인과 샤드에 추가되는 블록을 제안하고 검증하는 시간 단위이다. 각 에포크에서 참여자는 무작위로 선택되어 특정 슬롯과 샤딩에 블록을 제안할 권리를 갖는다. 블록체인에서 검증자가 선정되면 위원회Committee가 구성되고 위원회의 검증인 집단은 지분을 걸고 투표한 뒤에 투표 결과에 따라 거래를 검증하고 네트워크를 운영한다.

샤딩은 데이터베이스를 분할하는 것으로, 한 샤드에서 처리되는 거래는 다른 샤드에 있는 계약에도 영향을 미친다. 그래서 샤딩을 적용하려면 샤드 간 커뮤니케이션과 검증 시스템이 필요하다. 이러한 작업을 위해서는 거래의 유효성을 나타내는 객체인 거래 영수증을 필요로 한다. 이 영수증은 비콘 체인에 등록되어 전체 위원회가 조회할 수 있고, 이미 이더리움에서는 컨트랙트에서 함수가 호출된 기록을 확인하는 이벤트 로그로 사용되어 왔다.

오프체인 솔루션 스테이트 채널

스테이트 채널State Channels은 모든 소액거래를 반드시 메인 블록체인(레이어 1)에 즉시 등록할 필요가 없는 라이트닝 네트워크 솔루션의 결제 채널 콘셉트를 적용한 것이다. 이 솔루션은 참여자들이 원하는 만큼 많은 거래를 실행할 수 있도록 사이드 채널과의 통신을 제공한다. 사이드 채널에서 거래가 실행되면 규칙적인 간격으로 거래의 마지막 값만 메인체인으로 전송되어 완전한 거래로서 블록체인에 등록되기 때문에 메인 네트워크의 거래 속도를 최적으로 높일 수 있다.

그러므로 스테이트 채널은 참여자 간 '개시거래(스마트 컨트랙트에 대해 일정 금액을 담보로 넣기 위해)'와 '결산거래(거래의 적법성을 검증하고 채널을 닫을 수 있는 계약의 상호작용 결과를 증명하기 위해)'를 필요로 한다. 모든 중간 상태는 당사자들(모두가 동의했다는 것을 표시하기 위해 거래에 서명을 해야 한다)에게 직접 전송된다. 한편 스테이트 채널은 참여자가 온라인 상태를 유지하고 있어야 한다. 악의를 품은 참여자가 이전의 상태를 최종 상태라 주장한다면 전체 구성원의 피해로 이어질 수 있기 때문이다. 이는 스테이트 채널의 사용이 최적화되지 않은 NFT 자산 거래의 경우, 더욱 심각한 문제를 일으킬 수 있다.

오프체인 솔루션 사이드체인

사이드체인Sidechains은 메인체인과 별개로 자율적으로 운영되는 블록체인으로 자산을 다른 블록체인으로 전송해주는 양방향 브리지를 통해 메인체인과 상호작용한다. 사이드체인에는 자체 합의 알고리즘과 검증인이 있다. 간단히 말해 거래는 각 방향에서 2단계로 두 번씩 발생한다.

사이드체인	TVL (총 예치자산)	합의 알고리즘	성능	거래 수수료	주요 NFT 프로젝트
바이낸스 스마트 체인 (binance.org)	16,630	PoS	~3s/bloc 58TPS	0.15달러	에어엔에프티(Airnft) 베이커리스왑(BakerySwap) 배틀펫(Battle Pets) 팬케이크 스왑(Pancake Swap)
폴리곤 (polygon.technology)	4,290	PoS	~2s/bloc 106TPS	< 0.0001달러	디센트럴랜드 (CHAPTER 10 참조) 파리 힙피크(Paris Hippiques, CHAPTER 10 참조)
스케일 (skale.network)	1,760	PoS	~1s/bloc 2,000TPS	0.20달러	NFT트레이드(NFTrade)
로닌 (bridge.roninchain.com)	1,160	PoA	~3s/bloc n/a TPS	0	엑시 인피니티 (CHAPTER 10 참조)
그노시스 (gnosis.io)	125	DPoS	~5s/bloc 90TPS	< 0.00002달러	카고(Cargo) 다크 포레스트(Dark Forest) 유니크원(Unique.one) 깃코인(Gitcoin) 비욘드 NFT(Beyond NFT)

표 22.1 NFT 개발에 사용되는 주요 사이드체인의 특성●

1. 메인 블록체인에 있는 자산은 스마트 컨트랙트를 통해 잠겨 있거나 동결되어 있다.

2. 자산이 한번 잠기면 사이드체인에 새로운 대체 토큰이 생성된다.

3. 메인체인에 있던 자산을 복구하기 위해 사이드체인에 있던 토큰을 소각$_{burn}$하는 과정을 거친다.

4. 메인체인에 있던 자산의 동결이 해제된다.

● 시스템 작동에 수탁을 필요로 하지 않는 플라즈마 및 롤업 메커니즘과 구별하기 위해 간혹 '수탁형 사이드체인'이라는 용어를 사용한다. 반면 수탁을 하지는 않지만 시스템의 일관성을 보장하기 위해 외부 소스에서 비롯된 정보와 증거를 활용하는 방식에 대해서는 '비수탁형 사이드체인'이라는 용어를 사용할 수 있다.

이 방식을 적용하면 두 블록체인에서 자산이 동시에 사용되는 것을 방지할 수 있다. 이렇게 사이드체인은 성격이 서로 다른 블록체인 간 상호 운용을 가능하게 해준다. 이런 특성은 NFT 개발에 특히 적합하다. 또한 사이드체인을 이용하면 새로운 블록체인을 만들지 않아도 메인체인에서 제공되는 서비스를 확장하고 기능을 쉽게 탐색할 수 있다. 〈표 22.1〉에 NFT 개발에 적합한 주요 사이드체인의 특성을 요약해놓았다.

사이드체인에서 주목해야 할 중요한 점은 사이드체인의 보안 문제다. 사이드체인을 운영하는 데 할당되는 검증인의 수는 엑시 인피니티(CHAPTER 10 참조)의 경우처럼 때때로 매우 소수이기 때문이다. 한편 체인 간 다양한 사이드체인 프로젝트(폴카닷, 코스모스코인, 인터레저)가 여러 차례 시도되었지만 이런 솔루션들은 정식으로 적절한 대우를 받지 못했다. 특히 이 단계에서 서로 다른 합의 알고리즘을 가진 블록체인의 상호작용은 여전히 해결되지 못한 문제로 남아 있다. 뒤에 설명할 레이어 2 체인으로의 전환이 더욱 적합한 솔루션으로 제시되는 이유가 바로 이 때문이다.

플라즈마 캐시Plasma Cash

플라즈마 캐시는 비탈릭 부테린Vitalik Buterin이 2018년에 제안한 블록체인 기술로, 플라즈마에서 발생하는 대규모 탈출Mass-exit(많은 사용자들

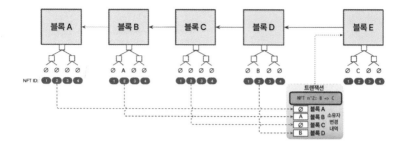

그림 22.2 플라즈마 캐시 알고리즘에서 NFT 토큰이 전송되는 과정
n°2 토큰의 소유권을 B에서 C로 전송하는 거래의 유효성을 검증하려면 희소 머클 트리로 표시되는 이전 블록에서 소유자 변경 내역을 검색해 보기만 하면 된다. null 값은 현재 블록에 변경사항이 없었음을 의미하기 때문이다.

이 동시에 플라즈마 체인을 빠져나간 뒤, 루트 체인으로 몰려들어 대규모 네트워크 혼잡을 일으키는 경우) 문제를 해결한 알고리즘이다. 이는 희소 머클 트리 SMT, Sparse Merkle Tree를 사용해 데이터 저장소의 크기를 줄여 네트워크의 과부하 문제를 해결한다. 각 NFT 토큰의 소유권 변경은 머클 트리의 리프 노드에서 표시되며 'null' 값은 소유권이 변경되지 않았다는 것을 의미한다. 이를 통해 관련 거래 내역의 경로 및 증명을 최적화할 수 있다. 이 솔루션의 원리는 〈그림 22.2〉를 참조하면 된다.

플라즈마 캐시는 대규모 탈출 문제에 있어 플라즈마 운영자의 부정행위를 방지해주기 때문에 확장성 측면에서 NFT를 관리하는 데 많은 장점이 있다. 실제로 한 번에 한 개의 NFT만 인출이 가능하기 때문에 관리가 보다 용이하다. 그러나 플라즈마 캐시의 큰 단점은 각 거래에 동반되는 거래 내역 검증의 크기가 빠르게 증가한다는 것이다. 플라즈마 캐시는 룸 네트워크 또는 폴리곤 네트워크(CHAPTER 10

참조)에서 구현된다.*

롤업 기반 레이어 2

앞서 살펴본 확장 솔루션은 메인체인 외부로 데이터와 연산을 옮기는 것이 핵심이었다. 비탈릭 부테린이 2014년에 발표한 그림자 체인Shadow Chain의 개념에서 파생된 롤업 솔루션은 연산과 검증 부분만 외부 체인으로 옮기는 솔루션이다. 외부의 블록 생성자는 레이어 2의 상태를 검증한다. 반면 거래 데이터 일부는 데이터의 크기를 줄이기 위해 압출되어 메인 블록체인(온체인)에 저장되기 때문에 메인 블록체인에서의 거래 처리 능력이 초당 15건에서 2만 건으로 크게 향상되고 가스비도 절약된다. 롤업 솔루션의 전반적인 원리는 다음과 같다.

롤업 솔루션은 메인체인과 사이드체인을 사용하는 방법으로, 사이드체인에서 트랜잭션을 처리하고 메인체인에는 처리 결과만을 저장하는 것을 원리로 한다. 스마트 컨트랙트(롤업)는 사이드체인의 현재 상태를 나타내는 머클 트리의 루트 값을 유지한다. 거래는 메인체인 외부에서 처리되고 결과만 메인체인에 저장되어 하나의 거래로 묶이며, 거래 결과를 포함하는 새로운 상태 루트를 저장한다. 계약은 이전 상태 루트와 현재 상태 루트가 일치하는지 확인하고, 일치하면 값을

* github.com/loomnetwork/plasma-cash

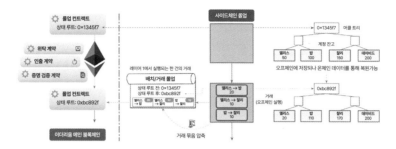

그림 22.3 롤업 기반 이더리움 레이어 2 확장 솔루션의 원리

업데이트한다. 그래서 롤업 거래의 정확성과 유효성을 검증하는 것이 중요하다.

> ▶ **옵티미스틱 롤업**Optimistic Rollups: 옵티미스틱 롤업은 모든 거래를 사실이라 가정하고 처리한다. 옵티미스틱 롤업 위에서 발생한 모든 거래는 롤업에 존재하는 마이크로블록 위에 올라간다. 그런데 이 마이크로블록을 생성하는 주체가 거래 내용을 감추거나 조작하는 경우가 발생할 수 있다. 만약 의심 가는 거래가 발생하면 롤업에 있는 검증인이 이더리움에 있는 거래를 모두 재실행해 값을 하나하나 대조한다. 이 과정을 사기증명Fraud Proof이라고 한다. 그래서 사기를 밝혀낸 검증인에게는 보상이 주어지고 그 거래를 문제없다고 처리했던 참여자는 처벌(예치한 자금의 일부를 징수)을 받는다. 그리고 거래는 올바른 상태로 복원된다(롤업 컨트랙트는 상태 루트의 모든 거래 내역과 각 배치의 해시함수를 저장한다). 유효하지 않거나 잘못된 증명을 하는 행위도 처벌의 대상이 된다. 실제로 증명을 제출

할 권리를 가지려면 잘못된 증명(의도적이든 아니든)을 실행할 경우 징수되는 보증금을 위탁해야 한다. 이는 악의적인 목적(메인 블록체인 네트워크를 포화시키려는 목적)으로 잘못된 증명을 대량으로 실행하는 것을 막기 위한 장치다.

▶ **ZK 롤업**: 유효성 증명을 사용하는 솔루션으로 각 거래의 거래 묶음이 영지식 증명ZKP, Zero-Knowledge Proof을 포함하고 있어 이전 상태 루트의 모든 정보가 정확하다는 것을 검증한다. 영지식 증거가 첨부되기 때문에 별도의 연산 검증 기간이 필요 없으므로 빠르게 롤업 블록을 확정할 수 있다. 지캐시ZCash에서도 사용되는 영지식 스나크ZK-SNARK*, 영지식 스타크ZK-STARK**, 불렛증명BulletProofs*** 등 다양한 증명이 있다.

옵티미스틱 롤업은 내부에서 스마트 컨트랙트를 구동할 수 있고 OVMOptimistic Virtual Machine과 EVMEthereum Virtual Machine이 호환되는 가상 머신을 지원하기 때문에 기존 이더리움 프로젝트에 쉽게 연동된다. EVM은 이더리움 블록체인에서 스마트 컨트랙트를 처리하는 이더리움 가상 머신이며. 웹 3.0Web 3.0 생태계에서 이더리움 개발자가 많다. 이 때문에 확장 솔루션으로 주목받을 가능성이 크다. 디파이와 NFT 개발에서 주로 사용되는 ZK 롤업은 아직 이런 기능을 제공하지 못한다.

* eprint.iacr.org/2011/443.pdf
** eprint.iacr.org/2018/046.pdf
*** eprint.iacr.org/2017/1066.pdf

	옵티미스틱 롤업	ZK 롤업	
		SNARKs	STARKs
성능	400~2,000 TPS	2,000 TPS	9,000 TPS
배치당 고정 가스비	40K (소액 거래)	600K (강력한 검증)	5M (강력한 검증)
검증 실행 기간	1주일 (분쟁 해결/ 사기증명)	1~10분	
기술의 복잡도	낮음	높음	
기존 컨트랙트 지원	지원 가능 (EVM 호환)	지원 불가능	
해당 롤업 기반 대표적 솔루션	Optimism, Arbitrum zkSync StarkEx notables Boba, Fuel, Cartesi	zkSync Loopring, Hermez zkTube, Aztec	StarkEx I mmutableX DeversiFi,dYdX
해당 롤업 기반 NFT 프로젝트	Synthetix, Aavegotchi, Arbitrum Genesis NFT	zkNFT zkBox	Gods Unchained Sorare

표 22.2 롤업 기반 이더리움 레이어 2 확장 솔루션

PART 4

블록체인, 암호화폐 모르면서
NFT 한다는 거짓말

4파트에서는 NFT에 대한 개념을 더 잘 이해하기 위해 블록체인, 암호화폐, 스마트 컨트랙트의 주요 원리를 다룬다. 특히 스마트 컨트랙트에서는 이더리움의 프로그램 언어인 솔리디티 코드를 함께 소개하고 있다. 따라서 컴퓨터 프로그래밍에 대한 사전 지식이 없다면 어렵게 느껴질 수 있으나, 이는 좀 더 깊은 이해를 위한 것으로 전체적인 흐름만 이해해도 좋다.

CHAPTER 23

블록체인의
기초 개념

2008년 미국발 금융위기가 전 세계를 강타했을 당시 「비트코인, P2P 전자 화폐 시스템Bitcoin: A Peer-to-Peer Electronic Cash System」이라는 제목의 논문이 한 웹사이트에 공개됐다. 논문의 저자로 알려진 이는 사토시 나카모토Satoshi Nakamoto라는 익명의 인물로, 그는 이 논문에서 '블록체인'이라는 분산원장기술에 기반한 새로운 형태의 화폐인 비트코인을 제시했고 그 발행과 관리 시스템에 대해 상세하게 설명했다. 이 논문에 의하면 블록체인의 거래 내역은 주로 기업이나 정부 등 관리 주체의 중앙 서버에 집중되는 것과 달리, 체인 형태로 무수히 연결된 가상의 '블록'에 저장된다.

블록체인이라는 명칭은 거래 내역을 묶어 블록들을 체인처럼 연결하는 알고리즘에서 유래했다. 블록체인 구조에서 검증된(또는 승인된) 거래는 전자 서명된 해시함수의 '고유 식별자'를 생성해 블록에 저장된다.[*] 이런 방식으로 각 블록이 체인 형태로 연결되기 때문에 최초의 블록인 '제네시스Genesis 블록'에서부터 블록체인 전체의 거래 내역 기록과 데이터의 무결성이 보장된다.[**] 즉, 정확성과 일관성을 유지하고 데이터를 안전하게 보관할 수 있다.

거래를 검증하는 채굴자

블록체인 세계에서는 새로운 거래가 발생하면 검증이 필요하다. 그래서 '검증되지 않은 거래 정보'가 하나의 노드Node(대형 네트워크에서는 장치나 데이터 지점)에 도달하면 이 노드는 네트워크 상에 있는 모든 노드에 해당 거래 정보를 전파한다. 이렇게 전파된 거래 정보를 '채굴자'들이 검증하면 비로소 거래 정보가 블록에 등록된다.[***] 채굴자들은 다양한 블록체인이 제공하는 기술에 따라 거래를 검증한다. 각 블

- 전자서명을 통해 사용자의 신분을 인증한다.
- •• 해시함수는 어떤 길이의 메시지를 입력해도 고정된 길이의 해시값을 출력할 수 있게 해준다(CHAPTER 33 참조). 이 함수는 단방향성 함수이기 때문에 출력된 해시값을 역산하여 원본 메시지를 구할 수 없다.
- ••• 채굴자란 블록체인에서 새로운 블록 생성에 참여하는 노드를 말한다. 비트코인에서는 '작업증명'이라는 블록 생성 방식을 사용하는데, 채굴자는 작업증명을 통해 블록에 거래 내역을 정리해주고 그 보상으로 코인과 거래 수수료를 받는다. 이 과정을 '채굴'이라 한다(CHAPTER 25 참조).

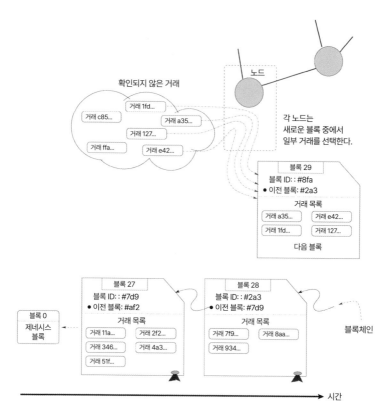

그림 23.1 블록체인 데이터 구조
　　거래가 확인되면 이는 검증된 블록으로 기록되어 이전 블록에 대한 연결자인 해시 포인터를 통해
　　체인 끝에 추가된다. 이렇게 체인이 형성되어 전체 네트워크에 복제된다. 블록체인을 구성하는 분
　　산 네트워크의 참여자를 '노드'라고 한다.

록에 등록되는 거래 건수는 고정되어 있지 않으며 검증된 블록은 시
간을 기록하는 타임스탬핑을 거친 후 체인에 추가된다. 〈그림 23.1〉
을 보면 블록체인의 데이터 구조를 더 쉽게 이해할 수 있다.

　이와 비슷한 구조를 가진 거래 메커니즘은 많지만, 분산원장기술

은 비트코인 창시자가 제시한 P2P 네트워크를 기반으로 한다. 그래서 각각의 노드는 블록체인 네트워크에 연결된 모든 블록 정보(거래 내역)를 가질 수 있다. 탈중앙화된 이런 거래 메커니즘에서는 세 가지가 가능하다.

1. 네트워크에 있는 모든 노드들이 새로운 블록을 생성하여 분산 저장할 수 있다.
2. 모든 노드가 새로 생성된 블록의 유효성을 검증할 수 있다.
3. 모든 노드가 블록체인의 거래 정보를 가진 원장을 보유할 수 있다.

적용된 블록체인 유형에 따라 메커니즘은 조금씩 달라질 수 있다. 이런 메커니즘을 통해 블록체인은 데이터를 분산해 저장한다. 다시 말해, 신뢰가 훼손되지 않은 중앙 서버의 승인 없이도 여러 참여자가 데이터를 공유한다. 이 때문에 블록체인은 '위조할 수 없고 검증 가능한 거대한 공공 거래 장부'라고 할 수 있다.

블록체인을 위조할 수 없는 이유는 체인의 한 블록에서 거래 내역이 수정되면 앞뒤 블록의 내역과 일치하지 않기 때문이다. 암호화된 해시함수로 체인에 연결된 각 블록은 바로 뒤에 있는 블록과 순차적이고 연쇄적으로 상호 대조가 이루어지기 때문에 한 블록을 위조하거나 변조하려면 블록 전체를 수정해야 한다. 또 전 세계에 퍼져 있는 전체 노드는 수시로 거래 내역을 검증하거나 승인하며 증가시키고 있으므로 변조를 알아채지 못할 정도로 재빠르게 수정해야 한다. 따라서 블록체인의 위변조는 사실상 불가능하다.

블록체인의 성공

비트코인이 폭발적으로 성장하고 이더리움(**CHAPTER 29** 참조), 리플, 라이트코인과 같은 암호화폐가 뒤이어 등장하면서 블록체인은 널리 알려지게 되었다. 현재 블록체인은 경제 및 화폐 분야에만 한정적으로 적용되고 있다. 블록체인은 대개 다음과 같은 특징을 지닌다(NFT 는 이 블록체인 중에서 스마트 컨트랙트를 기반으로 작동한다).

1. 유가증권, 주식, 또는 채권과 같은 자산을 암호화폐(**CHAPTER 24** 참조)로 거래할 수 있다.
2. 제품과 자산의 추적성을 강화할 수 있다.
3. 계약조건과 이행사항이 자동으로 실행되는 스마트 컨트랙트(**CHAPTER 28** 참조)를 사용할 수 있다.

블록체인의 유형

블록체인은 시스템 접근 방식에 따라 크게 퍼블릭, 프라이빗, 컨소시엄으로 분류할 수 있다. 퍼블릭 블록체인은 누구나 네트워크에 접근 가능하며 거래 내역이 공개된다. 누구나 거래에 참여할 수 있으므로 누구나 거래 내역을 검증할 수 있다. 또한 자유로운 의사와 합의를 통해 새로운 블록의 추가 여부를 결정한다. 이 모든 과정에서 조직

의 승인이 필요 없다. 그래서 퍼블릭 블록체인을 '비허가형 블록체인
Permissionless Blockchain'이라고도 한다. 해당 블록체인 네트워크에 참여하기
위해 승인도 인증도 받을 필요가 없기 때문이다.

프라이빗 블록체인은 일부 한정된 주체들에게만 네트워크 접근과
사용이 허용된다. 검증과정에 소수만 참여하기 때문에 신뢰 측면에
서 모든 참여자가 평등하지 않다. 프라이빗 블록체인은 거래 기록에
대해 단일한 운영 주체가 모든 권한을 가진 완전한 프라이빗 블록체
인과, 사전에 검증된 복수의 참여자와 운영 주체가 공동으로 네트워
크를 운영하며 데이터를 공유하는 컨소시엄 블록체인으로 나뉜다.

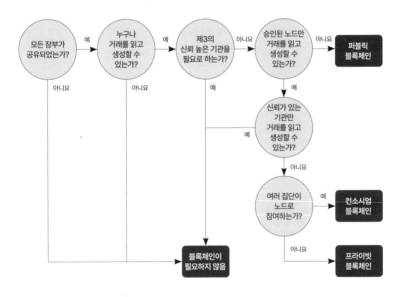

그림 23.2 블록체인의 합의 유형

두 유형 모두 권한이 부여된 참여자만 네트워크를 운영하므로 읽기 접근 및 거래를 검증할 수 있는 노드를 제한할 수 있다. 따라서 네트워크에 참여한 누구나 거래 내역을 읽을 수도 있지만, 권한이 부여된 주체만 읽을 수 있도록 접근을 제한할 수도 있다. 때에 따라 일부 시스템은 블록체인 일부에만 접근할 수 있도록 액세스를 제한하기도 한다. 프라이빗 블록체인은 〈그림 23.2〉에서 보듯, 사전에 정해진 기준에 따라 인증과 허가를 받은 한정된 참여자만 네트워크에 접근할 수 있어서 '허가형 블록체인Permissioned Blockchain'이라고도 한다.

블록체인 합의 유형

블록체인에서 가장 중요한 요소 중 하나는 애초에 서로를 신뢰할 이유도, 협업할 이유도 없는 수많은 주체(네트워크의 노드)가 각자 구축한 거래 내역의 복사본이 같아야 한다는 데 있다. 따라서 체인에 있는 블록들의 상태와 순서에 대해 통일된 의사결정을 하기 위한 합의 알고리즘이 반드시 필요하다. 이는 블록체인의 무결성을 보장하고 암호화폐의 이중 지불을 방지하는 데도 필수 불가결한 요소다(**CHAPTER 24** 참조).

그런데 문제는 P2PPeer to Peer 네트워크에서 커뮤니케이션이 즉각적으로 이루어지지 않는다는 데 있다. 그래서 네트워크의 일부 노드는 일시적으로 고립될 수 있고 그런 상황에서 서로를 인지하지 못한 채

서로 다른 블록을 추가함으로써 동시에 블록을 생성할 수 있다. 이렇게 블록이 중복되는 현상은 드물기는 해도 충분히 일어날 수 있다. 또한 일부 노드가 불법적인 거래를 하기 위해 허위 또는 악성 정보를 배포하면 잘못된 블록이 생성될 수도 있다. 이는 블록 안의 거래 내역을 변경시켜 재산상의 피해를 일으킬 수 있다.

이처럼 네트워크에 악의적인 참여자가 존재할 때 발생하는 문제를 '비잔틴 장군 문제'라고 한다. 이때 서로를 검증하는 합의를 거치면 악의적인 참여자가 잘못된 거래 내역을 저장하려고 해도 다수의 힘으로 이를 걸러낼 수 있다. 따라서 노드 간 어느 정도의 상태 비일치를 허용해주는 합의 알고리즘이 만들어져야 하는데 이를 비잔틴 장애 허용BFT, Byzantin Fault Tolerance이라 한다. 이외에도 다양한 합의 알고리즘이 존재하는데, 가장 널리 사용되고 있는 합의 알고리즘은 다음과 같다.

▶ 권위증명PoA, Proof of Authority

증명된 노드만이 거래와 블록을 검증할 수 있다. 따라서 이런 노드는 블록체인의 '관리자'라 할 수 있다.

▶ 작업증명PoW, Proof of Work

새로운 블록을 생성하기 위해 풀기 어려운 수학연산이나 퍼즐 문제를 풀어야 하고 이를 네트워크의 다른 노드들이 검증한다. 검증에 참여한 노드들이 컴퓨터 연산을 통해 블록 헤더에 제시된 난이도 조건을 만족하는 블록 해시값을 경쟁을 통해 찾으면 새로운 블록을 추가하는 작업이 완료된 다음 보상을 받는다.

▶ 지분증명PoS, Proof of Stake

암호화폐를 보유한 지분에 비례해 의사결정 권한을 주는 합의 알고리즘이다. 각 노드는 자신이 보유한 화폐의 전부나 일부를 예치해(스테이킹Staking) 추첨을 기다리고 당첨된 사람은 블록을 검증하고 보상받을 수 있는 권한을 갖는다. 규칙을 따르고 블록을 정직하게 검증한 노드는 보상을 받는다. 반면, 본인의 역할을 악의적으로 이용한 노드는 불이익을 받는다(스테이킹한 자금을 잃게 된다). 이런 합의 알고리즘은 노드를 선택하는 방식에 따라 다양한 방식으로 확장될 수 있다. 예를 들어 리스지분증명LPoS, Leased Proof of Stake은 화폐를 소액으로 가지고 있는 참여자가 특정한 노드의 예치금을 크게 만들어주기 위해 자신의 화폐를 대여(리스)해주는 방식이다. 화폐를 대여해준 참여자가 검증자로 선정되면, 그 대가로 보상금과 거래 비용을 비율에 따라 나눈다. 이런 방식을 확장한 방식인 위임지분증명DPoS, Delegated Proof of Stake은 소유한 화폐에 비례해 검증자가 되기 위한 추첨에 참여할 대표자를 투표로 뽑는다.

CHAPTER 24

암호화폐의
진짜 기능

일반적으로 화폐는 다음과 같은 세 가지 기능을 동시에 수행한다
고 앞에서 살펴보았다.

1. 가치 저장 수단.

2. 계산 단위.

3. 개인 간 재화와 서비스를 거래하기 위한 수단(물물교환에서 화폐로의 전환)*.

---

* 익명성 보장의 수준은 두 가지로 나뉘는데, '낮은' 익명성은 누가 거래를 실행했는지를 알 수
없게 한다. 반면 '높은' 익명성은 다른 두 건의 거래가 같은 주체에 의해 실행되었는지를 알
수 없게 한다.

암호기술이 발달하면서 등장한 디지털 화폐는 기존 화폐를 대신할 수는 있지만 다음과 같은 기능이 있어야 한다.

- ▶ 위조 및 변조가 불가능해야 한다. 따라서 시스템에서 자격이 없는 사용자는 화폐를 생성할 수 없게 해야 한다.
- ▶ 이중 지불을 방지해야 한다. 디지털 화폐는 매우 쉽게 복사할 수 있기 때문에 하나의 화폐를 여러 번 사용할 가능성을 차단해야 한다.
- ▶ 악의적인 거래를 하는 사용자를 적발할 수 있어야 하고 정상적인 거래를 하는 사용자를 보호할 수 있어야 한다.
- ▶ 익명성을 보장해야 한다.

1983년 암호학자 데이비드 차움David Chaum은 거래 보안과 디지털 화폐 사용자의 익명성을 보장하는 최초의 암호화폐인 이캐시ecash를 개발했다. 그러나 이 화폐는 여전히 중앙화된 화폐 시스템에 의존하고 있었다. 따라서 암호화폐 개발에서는 탈중앙화된 시스템을 구축하는 것이 화두로 떠올랐다. 이후 비머니b-money와 같은 여러 디지털 화폐가 등장했지만, 여전히 은행과 같은 제3의 신뢰 기관을 완전히 벗어나지는 못했다. 그러나 사토시 나카모토가 최초로 탈중앙화 시스템에 기반한 디지털 화폐인 비트코인Bitcoin을 선보이면서 디지털 화폐의 패러다임이 근본적으로 변화하기 시작했다(기존 화폐와 암호화폐의 차이점에 대한 상세한 설명은 **CHAPTER 26**을 참조하자).

비트코인 최초의 온라인 거래소, 뉴리버티스탠더드New Liberty Standard

비트코인 네트워크는 2009년 비트코인 포럼이 개설되면서 가동되기 시작했다. 그리고 이 포럼의 사용자 중 '뉴리버티스탠더드'라는 닉네임을 쓰던 누군가가 달러를 비트코인과 교환할 수 있는 시장을 만들자는 아이디어를 제안했다. 이에 따라 비트코인/달러 환율을 결정하는 것이 핵심 문제가 되었고 뉴리버티스탠더드는 환율을 계산할 수 있는 참신한 방식을 제시했다.

그는 컴퓨터의 연간 전기 소비량(C=1331.5kWh), 가장 최근의 전기요금에서 책정된 킬로와트당 요금(P=0.1136USD), 그리고 지난달에 생성된 비트코인의 수(b)로 환율(T)을 계산할 수 있는 다음과 같은 방정식을 제안했다.

$$T(환율) = \frac{C(컴퓨터)P(전기)}{12} \times \frac{1}{b}$$

이후 마르티라는 닉네임을 쓰는 사용자가 뉴리버티스탠더드에 5,050비트코인을 송금했고 페이팔을 통해 5.02달러를 수령하면서 첫 거래를 개시했다.

이 과정은 '가상'화폐 개발의 변곡점이 되었고 이후 암호화폐는 기존 화폐를 데이터화한 것에 불과한 전자 화폐나 디지털 화폐와 차별화되기 시작했다. 이에 유럽중앙은행ECB은 2012년 발간한 보고서를 통해 암호화폐를 다음과 같이 정의했다.

"암호화폐는 규제받지 않는 데이터로 이루어진 화폐의 일종으로 개발자들에 의해 통제되고 특정 암호화폐 커뮤니티 회원들 간에 사용되고 거래된다. 암호화폐 중에서도 비트코인은 다른 화폐와 교환 가능하며 탈중앙화된 시스템과 암호화 메커니즘에 기반을 두고 그 생성과 관리가 이루어진다."

이런 종류의 화폐들은 대개 탈중앙화된 암호화폐 또는 암호화폐로 불린다. 암호화폐는 대개 '피아트 화폐', 즉 법정화폐와 정반대의 개념으로 이해된다. 피아트란 '이루어지소서'라는 뜻의 라틴어로 영미권에서 왕이나 대통령이 발표한 명령이나 법령을 일컫는다. 그래서 '피아트 통화'는 정부에 의해 발행되고 규제되는 법정통화를 가리키는 용어로 사용되기 시작했다. 암호화폐는 대안화폐라 불리는 또 다른 형태의 화폐들, 예컨대 지역화폐나 병용통화와 매우 다른 특성을 보인다. 〈표 24.1〉에 세 가지 화폐의 주요한 차이점이 요약되어 있다.

비트코인을 비롯한 암호화폐의 비약적 발전이 가능했던 것은 바로 〈표 24.1〉에 제시된 첫 번째 기준(본위화폐와의 교환 가능성) 덕분이었다. 실제로 초창기에 비공개로 거래되던 비트코인은 이후 온라인 거래소

특성	병용통화	지역화폐	탈중앙화된 암호화폐
본위화폐와의 교환 가능 여부	가능	불가능	가능
본위화폐에 상응하는 단위 생성	가능	불가능	불가능
상거래 또는 세금 납부에 사용 가능 여부	가능	불가능	가능
데이터화된 형태로 유통	가능	불가능	부분적으로 가능
본위화폐에 따른 가치의 변동	불가능	해당 안 됨	가능
사회적, 환경적, 연대적, 또는 비영리적 목적의 가치	가능	가능	가능

표 24.1 대안화폐와 암호화폐의 비교

에서 기존 화폐로 환전이 가능해지면서 사람들의 시선을 끌기 시작
했고 크게 성장할 수 있었다(비트코인/달러의 최초 환율은 2009년 10월 5일에
고시되었다).

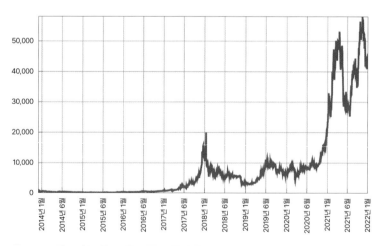

그림 24.1 2013년에서 2021년 사이 유로/비트코인 환율 시세 변동 그래프   단위: 유로

비트코인은
폰지 사기(다단계 금융사기)일까?

비트코인이 등장할 무렵, 공교롭게도 희대의 폰지 사기로 알려진 버나드 메이도프Bernard Madoff 사건이 세상에 알려지면서 일각에서는 암호화폐를 일종의 폰지 사기로 여기기도 했다. 폰지 사기란 피라미드 꼭대기에 있는 사람과 시스템을 만든 소수의 사람만이 수익을 독점하고 피라미드가 무너질 경우 피라미드 아래쪽에 있는 사람들은 가장 큰 피해를 보는 구조의 사기 수법이다.

블록체인 시스템은 이와는 완전히 다르다. 분산된 거래 내역과 이를 지원하는 블록체인 시스템은 절대로 암호화폐 시스템을 붕괴시킬 수 없는 데다가 전체 거래 내역이 공개되기까지 한다(모든 거래 내역은 블록체인에 등록된다). 또한 비트코인의 초기 채굴자들은 매우 소량의 비트코인을 보유하고 있을 뿐이고(창시자인 사토시 나카모토조차 현재 통용되는 전체 비트코인의 5%만을 보유하고 있다) 폰지 사기처럼 신규 진입자들의 돈으로 시스템을 유지하지도 않는다.

2009년 비트코인 초창기에 환율 시세는 보잘것없었지만 이후 급격하게 환율이 상승해 경제 생태계에 편입되면서 새 투자처로 대중의 관심을 끌었다. 2013년에는 비트코인이 세계적으로 알려지게 되었고 2016년 중반부터 환율이 상승해 2021년에는 최고치에 도달했다. 〈그림 24.1〉에서 그 상승세를 뚜렷하게 알 수 있다.

2세대 암호화폐의 자금 모델

2014년부터 새로운 기능이 더해진 모네로Monero, 이더리움(CHAPTER 29 참조), 엔엑스티Nxt와 같은 2세대 암호화폐가 등장하기 시작했다. 특히 이더리움의 출현으로 탈중앙화된 독립기관들이 등장하면서 주식 상장과 유사한 새로운 자금모집 방식이 가능해졌다. 크라우드세일Crowdsale 또는 암호화폐 공개ICO, Initial Coin Offering라고 불리는 초기 자금모집 기간을 설정하면 그 기간에는 누구나 새로운 암호화폐 제작을 위한 초기자금에 투자할 수 있다. 이는 일종의 크라우드펀딩이라 할 수 있다. 가장 널리 알려진 최초의 ICO는 2014년에 진행된 이더리움의 ICO였다.* 이런 자금모집 모델은 현재 규제할 법적 근거가 부족하고 관련된 법제도 국가에 따라 천차만별이다. 중국은 2017년 9월, 자국의 모든 ICO를 금지했고 유럽에서는 암호화폐에 내재된 리스크를

● 단 몇 주 만에 1,800만 달러 이상을 모았다. 당시 1이더리움은 약 0.4달러였다.

차단하고 자국민을 보호하기 위해 ICO 규제를 고려하고 있다. 대한민국에서도 현재 ICO는 금지되어 있다.

암호화폐에 관련된 위험

암호화폐는 거래될 때 금융기관의 개입을 필요로 하지 않으므로 암호화폐를 우려의 시선으로 바라보는 이가 많다. 이런 현상을 막기 위해 영국, 캐나다, 싱가포르의 은행들은 자국 화폐와 연동된 고유한 암호화폐를 개발하려 하고 있다. 하지만 아직 프로젝트가 구체적으로 진행되지는 않고 있다.

현재까지 정부에서 발행했던 암호화폐로는 베네수엘라의 페트로Petro가 유일하다. 페트로는 '베네수엘라 정부가 발행하고 석유자원을 기반으로 하는 국영 암호화 자산'으로 정의된다. 베네수엘라 정부는 2018년 2월 20일, ICO 방식으로 페트로의 사전 자금모집을 시작했다. 베네수엘라의 화폐 정책은 자국 의회에서도 커다란 반대에 부딪혔고(대다수 의원은 이를 불법적이고 반헌법적이며 자국의 석유자원을 부당하게 담보로 잡으려 한다고 비판했다) 국제적으로도 비난을 피할 수 없었다. 실제로 일부 국가에서는 베네수엘라의 니콜라스 마두로Nicolás Maduro Moros 대통령이 미국의 금융제재를 피하기 위한 꼼수로 암호화폐를 발행했다며 비판의 목소리를 높였다. 미국 역시 2021년 7월 『미 의회 보고서』를 발간해 베네수엘라의 암호화폐 정책은 실패로 돌아갔고 페트로는 실질적으로 통용되지 않을 것이라고 평가했다.*

　이외에도 많은 은행과 국가들은 암호화폐에 불신을 드러내고 있다. 프랑스의 에마뉘엘 마크롱 대통령은 다보스포럼에서 "암호화폐는 금융위기를 촉발할 수 있고 금융 시스템을 교란시킬 수 있다"라고 지적했다. 또한 암호화폐 규제를 위해 국제통화기금IMF의 역할이 확대되어야 한다고 주장했다. IMF 총재 크리스틴 라가르드Christine Lagarde 역시 국제적 차원에서 암호화폐에 엄격한 규제의 틀을 마련해야 한다는 의견을 피력했다. 여러 국가의 금융당국을 포함한 규제기관에서는 암호화폐의 사용 범위를 보다 효율적으로 규정하기 위해 국제적인 협력과 합의가 필요하다며 한목소리를 내고 있다. 실제로 암호화폐에는 다음과 같은 다양한 위험 요소가 잠재되어 있다.

▶ **불안정성:** 당시 암호화폐는 법정통화로의 교환이 어려웠으며, 환전 플랫폼과 같은 환전의 경로가 공식적인 규제기관이나 중앙은행을 통해 관리되지 않아 불안정하다고 평가됐다. 또한 암호화폐에 대한 투기로 인해 구매자-판매자 간의 가격 차이가 심화될 수 있다는 우려가 제기되었다.

▶ **기술 및 운영에 관한 리스크:** 암호화폐는 해킹과 도난에 취약한데, 실제로 전자지갑과 암호화폐 거래 플랫폼은 보안 문제를 안고 있으며 사용자의 개인정보가 노출될 경우 암호화된 자산 전체를 잃거

●　crsreports.congress.gov/product/pdf/R/R46850

나 도난당할 수 있다.

▶ **법적 리스크:** 현재까지 암호화폐에 대한 법규는 완벽하게 제정되지 않았다. 따라서 암호화폐로 재화나 서비스를 구매한 소비자들은 문제가 발생할 경우 어떤 법적 보호도 받을 수 없다. 실제로 디지털 자산 거래소는 현재 어떤 법적 규제도 받고 있지 않다. 게다가 대부분의 거래소와 그 운영자는 해외에 거주하고 있어 문제가 발생해도 수사나 기소가 어렵다.

▶ **범죄 가담 리스크:** 암호화폐는 창시될 때부터 사기, 돈세탁, 범죄, 테러 등 불법적으로 사용될 수 있다는 우려의 시선을 받아왔다. 이는 암호화폐의 맹점 중 하나라 할 수 있다. 그러나 유로나 달러 역시 범죄를 목적으로 사용될 수 있다는 점에서 이는 암호화폐를 지나치게 부정적으로 바라보는 것이라 할 수 있다.

한편, 대한민국에서는 2021년 9월 25일 '특정 금융 거래 정보의 보고 및 이용에 관한 법률' 개정안이 발효되었다. 이는 국내에 적용된 암호화폐 관련 첫 번째 법률이다. 이는 자금세탁방지에 초점을 둔 법안으로, 사업자는 가상자산사업자VASP의 지위를 두고 신고제를 통해 암호화폐 비즈니스를 영위해나갈 수 있다. 하지만 2022년 투자자 보호와 블록체인 산업 진흥에 대한 시장의 필요가 증가함에 따라 '디지털자산기본법' 제정 논의가 한창이다.

CHAPTER 25

비트코인의
정체

비트코인의 진짜 정체를 두고 인터넷상에 수많은 소문이 떠도는 중이다. 비트코인은 전자매체에 데이터화된 가상의 계산 단위로 커뮤니티에서 사용자들끼리 재화와 서비스를 교환할 수 있다. 비트코인의 단위는 〈표 25.1〉에 명시된 것처럼 최소 단위인 '1사토시'까지 분할되며 이 단위는 비트코인 거래 시 사용된다.

모든 블록체인이 그렇듯, 비트코인 거래의 검증은 중앙의 권위 있는 기관(예를 들면 은행)이 아니라 P2P 네트워크 상에서 합의 알고리즘인 작업증명(**CHAPTER 23** 참조)을 통해 실행된다. 이를 사용자에 의한 검증이라 한다. 새로운 블록을 생성하는 과정은 광물을 캐내는 작업과 유사해 '채굴'이라 부른다. 비트코인은 다음과 같이 기존 법정통화

단위		가치
1	BTC	1 비트코인(bitcoin)
0.01	BTC	1 센티비트코인(cBTC 또는 bitcent)
0.001	BTC	1 밀리비트코인(mBTC)
0.000001	BTC	1 마이크로비트코인(μBTC)
0.00000001	BTC	1 사토시(satoshi)

표 25.1 비트코인의 단위

의 세 가지 기능을 수행할 수 있다(**CHAPTER 26** 참조).

▶ 비트코인은 재화, 서비스 또는 자산의 유통과 축적 가치를 측정하는 표준화된 단위로 사용할 수 있다.

▶ 비트코인은 상거래에 사용될 수 있다.

▶ 비트코인은 제한된 공급량으로 인해 장기적으로 구매력이 상승하거나 유지되는 가치 저장 수단이 될 수 있다.

비트코인의 특성

비트코인은 대부분 국가에서 결제 수단으로 거부될 수 있다. 또한 법에 따른 제재를 받지 않는다는 점에서 법정통화와 동등한 지위를 가졌다고 볼 수 없으며, 비트코인을 통한 실물 결제를 액면가로 환불해주는 것은 법적으로 보장되지 않는다. 비트코인의 가치는 결제를 수용하는 주체들이 임의로 결정하기 때문이다. 그러나 비트코인의 사용 증가와 함께 그 가치는 더욱 상승할 것이다. 비트코인은 총 발행량인 2,100만 개 중 2021년까지 89% 이상이 이미 채굴되었기 때문에 공급은 감소할 것이고 그에 따라 가격은 상승할 것이라는 분석이다.

모든 퍼블릭 블록체인(**CHAPTER 23** 참조)과 마찬가지로, 비트코인은 다음과 같은 특징을 드러낸다.

- ▸ 모든 거래가 공개된다.
- ▸ 공개 키 암호 방식으로 거래가 이루어진다. 특히 비트코인에서는 화폐의 소유 주소를 공개 키의 해시값으로 나타내고, 공개 키 쌍을 제한 없이 생성할 수 있어 익명성이 보장된다.
- ▸ P2P 네트워크를 통해 거래가 검증된다.
- ▸ 작업증명PoW을 사용하는 비트코인은 네트워크에서 거래 내역을 위·변조하려면 전체 네트워크 참여자 중 반수 이상의 연산 자원을 확보해야 한다. 그러나 그런 거대한 컴퓨팅파워를 확보하는 것은 불가능하기 때문에 높은 보안성을 자랑한다.

비트코인 네트워크 참여자는 비트코인 주소 또는 비트코인 노드라 불리는 전자지갑이나 월렛을 통해 계정을 보유해야 한다.* 그래야만

---

* 전자지갑은 사용자가 보유한 암호화폐를 보관하는 데 사용된다. 특히 사용자가 보유한 암호화폐를 사용하는 데 필요하다(CHAPTER 35 참조).

네트워크 전체 참여자들에 의해 거래를 검증받으며 이중 지불을 피할 수 있고 보안성을 유지하며 비트코인을 교환할 수 있다. 한편 네트워크에서 블록을 생성하는 참여자들은 서부 개척시대에 금광을 찾아나선 사람들에 빗대어 채굴자라고 불린다. 비트코인은 2014년 스마트 컨트랙트 기능을 구현한 이더리움의 탄생뿐만 아니라 NFT 출현을 예고했다.

비트코인 총 발행량이 2,100만 개로
정해져 있는 이유는?

비트코인은 처음부터 총 발행량을 2,100만 개로 제한해두었다. 컴퓨터의 발전 속도가 빠르므로 채굴량은 많아질 수밖에 없고 공급량이 너무 많아지면 비트코인의 가치가 떨어질 수 있기 때문이다. 그래서 비트코인은 4년에 한 번, 정확히는 21만 개의 블록이 생성될 때마다 반감기가 진행되어 채굴이 어려워지고 속도도 느려진다. 첫 비트코인 블록을 채굴했을 때는 보상으로 비트코인 50개가 주어졌고 이후 첫 번째 반감기 동안 동일한 보상이 주어졌다. 이렇게 32번의 반감기를 거치면 보상으로 주어지는 비트코인은 대략 1사토시가 되고 따라서 반감기가 완전히 끝나게 된다. 따라서 반감기를 i, 보상을 $\frac{50}{2i}$라 하면 비트코인의 총 발행량은 다음과 같다.

$$\sum_{i=0}^{32} \frac{50}{2i} \times 210,000 = 2,100만 개$$

2021년 9월까지 생성된 블록 수는 70만 개를 돌파했고, 현재 대략 1,900만 비트코인이 채굴되었다. 이런 추세라면(21만 개 블록 생성 이후, 2012년 11월 28일 1차 반감기, 42만 개 블록 생성 이후인 2016년 7월 9일 2차 반감기, 63만 개 블록 생성 이후 2020년 5월 5일 3차 반감기) 마지막 비트코인은 100년 이상이 지난 2132년경에 채굴될 것으로 예상된다.

CHAPTER 26

화폐의
기능과 미래

기원전 269년, 로마 시대에 화폐는 동굴형으로 된 지하 신전인 유노Juno에서 제작되었다. 유노의 다른 이름은 모네타Moneta로, 이 단어에서 머니Money라는 단어가 유래했다.

무언가를 교환하기 위해 화폐를 사용한 것으로 추정되는 가장 오래된 문명은 기원전 3200년의 수메르 문명과 메소포타미아 문명(현재의 이라크 지역)이다. 이 시기에 문자, 시간, 달, 연도의 개념도 같이 생겼다. 이 시기의 사람들은 '시클' 또는 '셰켈'이라는 진흙 판을 만들어 회계 관리에 사용했고 여기에 차변, 대변, 부채, 이자를 기록했다. 1셰켈은 한 달간 노예를 먹일 수 있는 보리의 양을 상징적으로 나타낸 화폐 단위였다. 그렇지만 셰켈은 시중에 거의 유통되지 않은 채 신전에 보관되어 원거리 거래와 상업 활동을 위한 회계 단위로만 사용되었다.

이자가 붙는 대출은 문자와 실물 화폐가 생기기 전부터 존재했고 이때 환어음이 사용되었다. 부채는 셰켈로 지불되지 않았고 화폐를 대체할 수 있는 현물(물건, 노동력, 가축)이나 보리로 지급되었다. 국가의 형태도 문자도 없던 사회에도 상업영역과 분리된 실질적인 화폐가 존재했다. 재화의 구매에 사용된 최초의 주화에서부터 수메르 문명의 계산 단위를 거쳐 신용화폐가 등장하기까지 몇 천 년이라는 시간이 걸렸다.

그렇다면 화폐는 언제부터, 어떻게, 어떤 형태로, 어떤 이유로 무언가를 사고파는 데 사용되기 시작했을까? 〈그림 26.1〉은 리디아 왕국과 아나톨리아 반도에서 발견된 기원전 4세기의 주화다. 사금이 나던 고대 리디아 왕국에서는 강에서 자연 합금된 엘렉트럼(호박금)을 화폐로 사용했다. 이후 이런 형태의 주화는 그리스에 전파되었다.

아리스토텔레스는 기원전 4세기에 화폐의 대표적인 세 가지 기능

그림 26.1 기원전 6세기에 엘렉트럼으로 주조된 리디아 주화 스타테르

출처: Classical Numesmatic Group, Inc-www.cngcoins.com

에 대해 다음과 같이 설명했다.

- ▶ 계산 단위(실제 경제에서 재화와 서비스의 가치척도로 사용되는 추상적인 도구).
- ▶ 가치 저장 수단(재산 축적의 수단).
- ▶ 교환 수단(매개체 역할).

역사학계와 인류학계는 경제 영역에서 화폐가 발생한 이유에 대해 다양한 가설을 제시했다. 이와 달리 경제학자들은 화폐의 특성이 아닌 오로지 기능에 따라서만 화폐를 정의했다. 경제학의 시각에서 계산, 가치 저장의 수단, 교환 수단이라는 세 가지 기능을 동시에 충족하지 못하는 화폐는 그게 무엇이든 '완벽한' 화폐로 인정받지 못했다.

경제학자인 조지프 슘페터Joseph Schumpeter와 민족고고학자 알랭 테스타Alain Testart는 화폐의 이 세 가지 기능과 더불어 네 번째 기능을 추가했다. 바로 벌금, 공과금, 세금 납부에 사용하는 지불 수단으로서의 기능이다. 일부에서 이를 교환과는 다른 화폐의 특수한 기능이라 생각했다. 그리고 경제학자 존 메이너드 케인스John Maynard Keynes는 1936년 『고용··이자 및 화폐의 일반이론』에서 화폐의 다섯 번째 기능을 제시했다. 바로 투기다.

화폐 기능을 기준으로 암호화폐를 정의하면 암호화폐는 기존 화폐와 매우 유사하다. 단 하나, 계산 단위로서의 기능만 제외한다면 말이다. 문제는 제도경제학자들이 가치 측정의 단위를 화폐의 핵심적 기능으로 본다는 데 있다. 교환하려는 물건의 가치를 측정할 필요가 없다면 화폐의 존재 이유가 사라지기 때문이다. 제도경제학자들은 결제 시스템이 하나의 진정한 제도로서 가치를 측정하는 수단이 되려면, 결제 시스템에 계산 단위, 단위에 적용되는 규정, 그리고 지불 규정이 정의되어 있어야 한다고 주장한다. 여기에 제도경제학자들은 화폐의 성격, 즉 화폐의 발행 방식이 정의되어 있어야 한다고 덧붙인다. 어디서, 어떤 기준으로 화폐를 발행하는가가 중요하다는 것이다.

역사, 인류학, 철학, 사회학을 바탕으로 연구에 집중한 몇몇 제도경제학자들은 『화폐, 그 정치적 쟁점 La monnaie, un enjeu politique』이라는 저서에서 화폐의 세 가지 특성을 제시했다. 화폐는 일종의 '부채'로 하나의 표식이자 사회적 제도다. 여기서 부채는 화폐의 출발점이다. 실제로 기원전 3000년경, 문자가 만들어진 후부터 부채가 화폐의 출현을 견인했다. 제도경제학에서도, 법률에서도 신용거래에서 사용되는 화폐만을 진정한 화폐로 인정하는 것이 바로 이 때문이다. 대부분의 경제학자가 이런 관점을 공유하고 있으며 화폐가 다른 기준에서 발행될 수 있다는 것을 쉽게 인정하려 들지 않는다.

암호화폐가 화폐로서 인정받지 못하는 이유는 바로 이런 화폐의 부채 개념 때문이다. 화폐는 역사적으로 공동체에 속해 있다는 표식이자 상호 신뢰의 표식이었다. 제도경제학자들은 세 가지 기준에 부합해야만 화폐로 인정된다고 말한다. 따라서 계산 단위, 구매, 지불, 그리고 가치 저장 수단으로 사용된다고 해도 부채에서 비롯되지 않고 제도화되지 않았다면 화폐로 볼 수 없다는 것이다. 그러나 이렇게 제한적인 화폐의 정의에 일부 경제학자는 공감하지 않는다. 특히 세계적 금융·통화 전문가 베르나르 리에테르_{Bernard Lietaer}는 『화폐의 재발견_{Réinventons la monnaie}』이라는 저서를 통해 '화폐란 한 공동체에서 규격화한 무언가를 교환 수단으로 사용하자고 결정한 일종의 합의'라고 정의했다. 이는 가장 넓은 의미의 화폐로, 교환에 이미 화폐의 다른 모든 기능이 포함되어 있다는 것이다.[*] 단순히 화폐가 어떻게 발행되느냐를 넘어 보다 폭넓은 의미로 화폐를 정의한 셈이다.

리에테르의 이론을 계승한 일부 경제학자들은 추상적 개념이나 사물을 다양한 목적으로 사용하기 위해 정당한 사회적 합의에 이르렀다면 이 역시 화폐로 인정할 수 있다고 주장한다. 이는 암호화폐를 포함해 과거와 현재의 모든 통화를 아우르는 화폐에 대한 정의라 할 수 있다. 따라서 암호화폐가 등장한 현 시점에서 리에테르가 정의한 화폐의 개념에 주목할 필요가 있다.

●   동일한 화폐에 반드시 모든 기능이 존재하는 것은 아니다.

CHAPTER 27

비트코인의
안정성

2015년 경제학자 라콤스키-라게르Lakomsky-Laguerre와 뤼도빅 데스매트Ludovic Desmedt[*]는 제도경제학자들이 정의한 화폐의 개념을 비트코인에 적용해 비트코인이 결제 시스템의 특성을 일부 가지고 있기는 하지만(모든 기능을 가지고 있지 않으므로) 온전한 화폐로 인정될 수 없다고 주장했다(**CHAPTER 26** 참조). 이 주장은 비트코인의 적법성 문제뿐만 아니라 암호화폐의 시세 불안정성 문제를 제기한 비트 웨버B. Weber[**]의

- O. Lakomski-Laguerre, L. Desmedt, 『L'alternative monétaire bitcoin : une perspective institutionnaliste』, *Revue de la régulation*, vol. 18, 2015

●● B. Weber, 『Bitcoin and the legitimacy crisis of money』, *Cambridge Journal of Economics*, vol. 40, pp. 17-41, 2014

연구와 맥을 같이 한다. 이는 비트코인이 실질 거래의 가치척도 단위로 인정받을 수 없는 이유이자, 가장 큰 약점 중 하나다.

스테이블코인

비트코인은 총 발행 개수가 정해져 있어서(**CHAPTER 25** 참조) 프로젝트가 성공할 경우 그 가치는 계속 상승할 것이다. 비트코인의 가치가 상승한다면 이를 매개로 무언가를 구매하기보다는 비트코인을 보유하고 있는 편이 더 낫다. 이렇게 투기 목적으로 비트코인을 보유한다면 시세 변동성이 커질 수밖에 없다. 반면 비트코인이 실물경제에서 폭넓게 사용된다면 시세가 안정될 것이다. 암호화폐 커뮤니티도 비트코인 시세의 불안정성 문제를 충분히 인지하고 있으며 그 때문에 비트코인이 가치 저장 수단, 계산 단위, 교환 수단으로서 진정한 화폐로 인정받기 어렵다는 것을 인정한다. 그래서 몇 년 전부터 비트코인 시세를 안정화할 수 있는 다양한 스테이블코인이 개발되고 있다. 스테이블코인은 다음과 같이 크게 세 종류로 구분된다.

1. 법정화폐 담보 스테이블코인.
2. 암호화폐 담보 스테이블코인.
3. 알고리즘 기반 스테이블코인.

법정화폐 담보 스테이블코인은 법정화폐나 금과 같은 안정적인 기존 자산을 담보로 한다. 일례로 테더달러₍USDT₎와 트루USD는 미국 달러를 담보로 하고, 디직스골드₍Digix Gold₎는 금을 담보로 한다. 암호화폐 담보 스테이블코인은 일정량의 암호화폐나 자산을 담보로 한다. 초창기의 다이₍DAI₎는 이더리움(CHAPTER 29 참조) ERC-20(Ethereum Request for Comments 20으로 이더리움 토큰 표준, CHAPTER 34 참조) 토큰 같은 여러 암호화 자산만을 담보로 인정했지만 2019년 말부터 이더리움의 사이드체인(블록체인의 메인체인 옆에 붙어서 작동하는 하위 체인)인 엑스다이₍xDai₎(CHAPTER 22 참조) 토큰까지 담보로 인정하기 시작했다.

알고리즘 기반의 스테이블코인은 스마트 컨트랙트를 이용해 직접 코인의 양을 조절하는 메커니즘으로 암호화폐의 시세 불안정성을 해소한다. 일례로 엠플포스₍AMPL₎ 암호화폐는 시세에 따라 매일 코인의 총량을 조절하는 프로토콜을 실행한다. 어떤 전략으로 스테이블코인을 구현하든 비트코인 커뮤니티 차원에서도 비트코인의 시세 불안정성을 충분히 인지하고 있으며, 해결방안을 찾는 중이다.

암호화폐에 대한 과세

비트코인 등 암호화폐에 대한 과세는 그렇게 중요한 문제는 아니다. 아직 비트코인은 한정적으로 사용되고 있고 거래금액도 현물 시장에 비해서는 소액이다. 그러나 점차 비트코인 저변이 확대되고 그에 따라 사용자가 증가하면서 일부 사용자가 비트코인으로 수익을 내자 관계 당국은 이런 현상에 주목하기 시작했다. 각국 정부는 암호화폐를 면밀하게 평가했고 비트코인으로 이루어지는 거래도 다른 거래와 마찬가지로 과세해야 한다는 결론에 이르렀다. 비트코인 규모가 점차 확대되자 정부는 비트코인 거래에 대한 과세가 부재해 그만큼 세수에서 손실이 발생한다고 판단하기 시작했다.

　각국 정부는 비트코인 거래에 '최소한'의 과세를 하고 정부가 거래를 통제할 수 있는 법적 기틀을 마련하고 있는 중이다. 현재 비트코인에 대한 각 국가의 대응에는 큰 차이가 있다. 엘살바도르 정부는 비트코인을 법정화폐로 채택했지만, 중국 정부는 비트코인 거래를 전면 금지했다. 중국은 중앙은행에서 자체적으로 개발한 디지털 화폐를 도입할 계획을 세웠기 때문이다. 브라질 정부는 비트코인 통화량을 조절하기로 했다. 특히 엘살바도르는 2021년 9월, 전 세계 최초로 비트코인을 달러와 같은 위상을 갖는 법정화폐로 채택했다. 이는 모든 거래에서 결제 수단으로 비트코인을 사용할 수 있다는 것을 의미한다. 프랑스중앙은행은 비트코인을 법정화폐로 인정하지 않다가, 암호화폐가 비약적으로 성장하는 것을 보고 암호화 자산의 보유와 시세차익에 대해 30% 상한으로 과세하기로 결정했다. 프랑스중앙은행은 암호화폐 플랫폼에 대해 다음과 같은 사항을 실행할 것이라고 예고했다.

▶ **결제 서비스 제공업체는 정부의 허가를 얻어야 한다.**

- ▸ 자금 세탁 등을 방지할 수 있는 규제를 마련한다.
- ▸ 암호화폐 플랫폼은 거래 안정성과 사기 방지에 관련해 중앙은행의 지침을 따른다.
- ▸ 암호화폐 플랫폼에서 불법적인 활동이 적발될 경우 관계당국의 통제에 따른다.

탈중앙화 암호화폐 관련 규제

암호화폐는 대개 발행될 때 규제를 받지 않는다. 그런데 암호화폐를 법정화폐처럼 사용할 수 있는 법적 토대가 마련되면서 분위기가 바뀌었다. 암호화폐는 유리한 위치를 점하게 되었으며 투기 목적이 아닌 실제 거래에 더 많이 사용할 수 있게 되었다. 코인맵coinmap.org은 전 세계 비트코인 가맹점 위치 서비스를 제공하기 시작했는데 2013년 2월 가맹점 수는 단 세 곳에 불과했지만 1년도 채 되지 않아 1,000곳으로 늘어났다. 특히 유럽, 미국, 아시아, 라틴아메리카, 남아메리카를 중심으로 가맹점이 계속 증가해 2021년에는 2만 3,000곳 이상, 2023년 5월에는 3만 2,000곳까지 증가했다.

미국 샌프란시스코는 암호화폐, 특히 비트코인으로 결제가 가장 많이 이루어지는 도시로 꼽힌다. 실제로 많은 호텔과 식당이 비트코인을 결제 수단으로 인정한다. 독일 베를린에서는 대형 교습소의 학원비를 암호화폐로 결제할 수 있고, 네덜란드 암스테르담에서는 암호화폐로 자전거(스타바이크)를 대여할 수 있으며 러시아 상트페테르부르크에서는 헬스클럽(나노피트니스)에 등록할 수 있다. 네덜란드 정부는 2014년 3월, 헤이그에 세계 최초로 '비트코인길(이 길에 있는 대부분의 상점과 식당에서 비트코인으로 결제할 수 있다)'을 조성했고 이후 여러 도시에서 이와 유사한 정책을 적극적으로 수용했다.

그런데 이런 가맹점 숫자에는 암호화폐 결제의 한 축이 빠져 있다. 2014년부터 암호화폐 신용카드가 출시되며 사용처가 더 늘어났기 때문이다. 이 카드는 암호화폐로 신용을 보상하는 결제 카드로 비자나 마스터카드와 제휴해 암호화폐와 법정화폐를 송금할 수 있게 해준다. 암호화폐 신용카드는 자연스럽게 암호화폐와 법정화폐를 환전할 수 있게 하는데, 법정화폐로 가격이 표시된 재화나 서비스를 결제할 때 사용자가 선택한 암호화폐 계정에서 결제금액이 송금된다. 따라서 비자와 마스터카드를 받는 전 세계 모든 상점에서 이 카드로 결제를 할 수 있지만 판매자는 결제가 이루어진 계정이 암호화폐 계정이라는 것은 알지 못한다.

이 분야의 선구자적 역할을 한 업체 중 하나로, 스위스에 기반을 둔 자포Xapo는 2014년부터 비트코인 결제가 가능한 직불카드를 선보였다. 이후 금융 서비스업으로 사업 분야를 넓힌 자포는 비자, 마스터카드와 파트너십을 맺었다. 자포는 비트코인 직불카드 이외에도 자사 고객들의 개인 키를 안전하게 보관하기 위해 스위스 알프스에 보관소를 건설하고는 보안팀과 위성으로 감시하며 오프라인 관리체계를 보강했다. 그리고 2021년 보관소의 디지털 버전인 '디지털 은행'을 출시했다. 이 은행 고객은 전 세계 어디서든 자신의 개인 키에 접근할 수 있다. 또한 미국의 암호화폐 거래소에서는 다양한 암호화폐, 귀금속(금, 은, 백금, 팔라듐 등), 주식 또는 법정화폐 등을 즉시 이동, 전환, 보유, 거래할 수 있는 다중통화 암호화폐 지갑 업홀드Uphold를 출시했다.

세계적인 블록체인 데이터 전문기업 체이널리시스Chainalysis는 거래 건수나 가맹점 수를 집계할 뿐 아니라 국가별 암호화폐 채택 지수도 발표했다.* 체이널리시스는 지수 계산을 위해 온체인 암호화폐 총액, 온체인 소매거래 총액, P2P 거래량을 지표로 삼았다. 체이널리시스의 발표에 따르면, 개발도상국에서도 암호화폐 거래가 폭발적으로 증가하고 있는데 암호화폐 채택 지수 1위 국가는 베트남이었고 인도와 파키스탄이 그 뒤를 따랐다. 미국은 채택지수 순위에서는 8위였지만 암호화폐 거래 총액으로 순위를 매기면 단연 전 세계 1위였다. 특히 2020년 말부터 전 세계적으로 암호화폐 채택율이 급격히 증가했다. 특히 2019년 3분기에서 2021년 2분기 사이에 암호화폐 채택율이 2,300%나 증가했다.

자국의 법정화폐가 불안정한 경우, 해당 국가에서는 암호화폐를 적극적으로 도입한다. 암호화폐가 리스크를 일정 부분 상쇄시켜주기 때문이다. 또한 결제 수단으로서의 암호화폐가 계속해서 확대되어 사용되는 것을 확인하고 암호화폐의 잠재적 가능성을 인지한 국가는 이와 관련한 통화 정책을 개발하기 시작했다. 베네수엘라 역시 국영 암호화폐 페트로를 발행했으나 현재 거의 유통되지 않고 있다 (**CHAPTER 24** 참조). 중국에서도 디지털 위안화를 출시했는데 이는 블

● blog.chainalysis.com/reports/2021-global-crypto-adoption-index/

록체인의 일부 특성을 차용한 중앙은행 디지털 화폐CBDC, Central Bank Digital Currency다. 2021년, 국제결제은행BIS, Bank for International Settlements은 세계 인구의 72%, 세계 경제의 91%에 해당하는 65개국 중앙은행을 대상으로 연구조사를 실행했는데 이들 중 86%가 중앙은행 디지털 화폐 도입을 적극적으로 추진하고 있다고 답했고, 그중 14%는 매우 진척된 상황이라고 발표했다. 그러나 이런 계획은 블록체인의 가능성 중 극히 일부분만을 이용한 것이다. 중앙은행이 발행하는 디지털 화폐의 진짜 목적은 현재 민간에서만 발행되는 디지털 화폐(CHAPTER 24 참조)를 직접 발행해 화폐의 대안을 제시하는 동시에 현금(실질적으로 유일한 법정화폐) 사용 감소를 저지하는 데 그 목적이 있다.

CHAPTER 28

스마트 컨트랙트 이해하기

  스마트 컨트랙트는 블록체인 기술을 적용할 수 있는 가장 유망한 분야 중 하나로 꼽힌다. 1995년, 비밀 암호 전문가 닉 스자보 Nick Szabo 는 전자상거래 프로토콜에서 계약을 보다 정교하게 실현하고자 스마트 컨트랙트 기술을 개발했다.˙ 실제로 스마트 컨트랙트는 모든 계약의 협상과 실행을 쉽게 해주는 자동실행 프로그램이자 프로토콜이다. 스마트 컨트랙트가 실행되면 사전에 명시한 계약 조건이 자동으로 실행되어 블록체인에 등록된다.

● 일각에서는 그가 사토시 나카모토라는 가명 뒤에 숨은 비트코인과 블록체인의 실질적인 창시자라고 추정한다(CHAPTER 25 참조).

스마트 컨트랙트는 계약 내용을 자동으로 실행하는 데 필수적인 신뢰와 안정성이 보장되어야 한다. 스마트 컨트랙트는 블록체인을 기반으로 하는 프로그램이기 때문에 계약 조건을 변경할 수 없고 누구도 그 실행을 방해할 수 없다. 따라서 사전에 합의한 계약 조건이 반드시 실행될 수밖에 없다. 반면 블록체인에서 구동되지 않는 계약은 계약 조건이 실행 중에 변경될 수도 있다. 그렇지만 이더리움(**CHAPTER 29** 참조)의 프로그래밍 언어 솔리디티를 이용해 계약 실행의 시점과 방법을 정하고 스마트 컨트랙트를 실행하면 계약 중에 일어나는 모든 상호작용이 블록체인에 일종의 거래로 등록된다.*

스마트 컨트랙트가 어떻게 작동하는지 구체적으로 알아보자. A 기업과 B 기업이 서비스 계약을 체결한다고 가정해보자. A 기업은 새로운 서비스를 제공해주는 B 기업에 사용료를 결제하려 한다. 결제는 두 단계에 걸쳐 실행된다. 서비스의 설치와 구성이 완료됐을 때 사용료의 70%를 지불하고, 서비스가 완벽하게 실행되고 2개월 후 나머지 30%가 결제된다. 이때 최종적으로 B 기업이 제공한 서비스가 승인된다. 따라서 계약 과정은 설치, 실행, 감사의 3단계로 이루어진다.

* solidity.readthedocs.io

설치

A와 B가 스마트계약 A-B를 생성한다고 가정해보자. A와 B는 계약을 생성한다. 이 계약은 스마트 컨트랙트라는 특수한 객체로, 프로그램 코드를 기반으로 객체를 생성하는 것과 비슷하다. 계약은 고유한 주소를 가지고 있으며, 그것은 계약의 상태를 변경하는 함수를 호출해서 다양한 작업을 수행할 수 있다. A는 B가 계약에 동의하기 전에는 결제 자금을 블록체인에 담보로 걸어놓는다. 계약이 생성되면 스마트 컨트랙트의 코드가 자동으로 실행되며, A가 B에게 자산을 전달하고 B가 A에게 금액을 지급하는 과정이 자동으로 이루어진다. 이러한 과정은 블록체인에 기록되어 증명 가능하고, 이를 통해 거래가 정상적으로 이루어졌음을 증명할 수 있다.

모든 프로그램과 마찬가지로 스마트 컨트랙트는 컴파일Compile된 다음 배포Deploy되어야 한다. 컴파일이란 프로그래머가 작성하고 읽을 수 있는 소스코드를 컴퓨터가 처리할 수 있도록 컴퓨터 프로세스 언

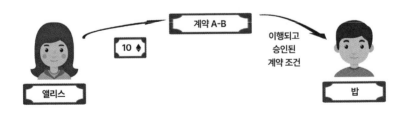

그림 28.1 스마트 컨트랙트 상태가 변경되는 경우

어로 바꾸는 작업을 의미하며 배포는 작성한 스마트 컨트랙트를 컴파일하여 블록체인에 등록하는 것을 의미한다. 스마트 컨트랙트 배포 시 계약 A-B에 대한 고유한 계약 주소가 생성된다. 특히 계약의 주소는 다른 계약이나 계정에서 스마트 컨트랙트에 접근할 수 있는 수단이 된다.

실행과 상태 변경

계약 조건이 승인되면 계약이 실행된다. 이 계약은 한번 개시되면 중단시킬 수 없다. A와 B 양측의 정식 계약이 블록체인에서 자동으로 실행된다. 그리고 각 프로그램의 상태 변경은 거래로 등록된다. 양측은 물론 제3자도 계약 실행을 거부할 수 없다. B의 서비스 절차는 자동으로 검증되며 서비스가 실행되면 사전에 계약한 사용료(총 사용료의 70%를 우선 지급하고 이후 30%를 지급)가 블록체인에 통합된 거래의 형태로 지급된다. 그런데 여기서 '실행 조건 확인'이라는 문제가 발생한다. 대표적으로 다음과 같은 두 가지 문제가 있다.

▶ 실행 조건이 블록체인의 다른 쓰기에 연결되어 있거나 시간적 지표(예를 들어, '계약 설치 이후 2개월이 경과했음'과 같은 지표)에 관련된 경우라면 간단히 처리할 수 있다. 블록체인에 등록된 내역을 확인하거나 실행 기한이 지났는지를 확인하기만 하면 된다.

▶ 계약 실행 조건(서비스 구성, 이벤트에 관련된 용역의 실행)에 제3의 신뢰기관이 개입된 경우는 다음과 같다. 제3의 신뢰기관은 사전에 지정되어 A와 B가 알고 있거나, 외부 데이터베이스를 참조하거나, 블록체인에 통합된 탈중앙화 오라클[*]일 수 있다. 이 경우, 데이터나 연산값이 진위증명과 함께 전송된다. 진위증명이란 데이터(또는 결괏값)의 무결성이 손상되지 않았다는 점을 보증한다. 증명의 유효성을 검증하면 언제든 누구나 전송된 데이터나 결괏값의 사실 여부를 확인할 수 있다.

● 탈중앙화 오라클은 외부 정보를 수집하고 가공해 블록체인 네트워크에 전달하는 역할을 한다. 이러한 오라클로부터 수집된 정보는 스마트 컨트랙트에서 사용되어 이를 통해 서비스나 거래를 수행할 수 있다.

이더리움 스마트 컨트랙트의 예시를 살펴보자. 이 스마트 컨트랙트를 통해 하나의 변수에 하나의 값을 부여하고 이 값을 다른 계약에 노출할 수 있다. 다음은 관련 솔리디티 스마트 컨트랙트의 예시다.

```
pragma solidity >=0.4.16 <0.9.0;
contract StockageSimple {
    uint valeur(값);

    event ChangementDeValeur(값의 변경)(uint ancienneValeur(이전 값),
    uint nouvelleValeur(새로운 값));

    function set(uint _x) public {
    emit ChangementDeValeur(값의 변경)(valeur, _x);
    valeur = _x;
    }

    function get() public view returns(uint) {
    return valeur;
    }
}
```

스마트 컨트랙트에서 스톡에이지심플StockageSimple이라는 솔리디티 계약은 값이라는 속성과 세트set, 겟get이라는 두 개의 함수로 구성되어 있다. 세트 함수는 저장된 값을 변경하며, 겟 함수는 저장된 값을 얻을 수 있다. 이더리움 블록체인에 컨트랙트가 배포되면 계약은 특정 주소에 저장되며, 이를 통해 세트, 겟 함수를 호출할 수 있다.

▶ 스마트 컨트랙트의 함수 중 하나인 세트set의 경우, 저장된 데이터 값을 변경하는 기능을 한다. 이를 위해서는 거래를 생성하여 채굴자에게 전송해야 한

다. 거래가 채굴되고 블록체인에 추가되면 호출 결과에 접근할 수 있다. 이 함수는 자동으로 호출한 곳으로 결과를 보내며 정보 제공을 위해 이벤트를 발생시킨다. 이벤트를 통해 거래 결과를 읽을 수 있고 이더리움 노드에서 '쓰기'를 할 수도 있다.

```
monContrat.methods.set(42).send({ from: Emetteur }, function (err,
res) {
  if(err) { console.log("Échec.", err); return }
  console.log("Hash de la transaction: " + res);
})
```

▶ 따라서 발행된 이벤트를 추적할 수 있다. 값 변경ChangementDeValeur이 일어날 때마다, 즉 값이 변경될 때마다 아래 제시된 코드와 같은 문자열이 생성된다.

```
monContrat.ChangementDeValeur().watch(function(error, result){
  if(error){ console.log("Error", error); return }
  console.log("La valeur a changé :", result);
});
```

▶ 함수 뷰View의 경우, 겟Get처럼 상태를 변경하지 못하기 때문에, 함수 결과를 조회하려면 블록체인에 등록된 해당 계약과 관련된 전체 이벤트를 읽기만 하면 된다. 따라서 이 함수의 호출은 거래가 필요하지 않고 콜Call 함수를 통해 실행된다. 상태를 이용하지 않는 퓨어Pure 함수의 경우도 마찬가지다.

```
monContrat.methods.get().call(function(err, res) {
  if(err) { console.log("Échec.", err); return }
  console.log("La veleur est: ", res);
})
```

모든 조건이 충족되고 용역이 실행되면, B는 사전에 협의된 사용료를 지급받을 수 있다. 반대의 경우라면, A는 담보로 걸어놓은 금액을 회수할 수 있다.

감사를 통한 검증

최종 감사 과정은 선택 사항이지만 공적 성격을 띠므로 거래가 감시되고 검증될 수 있으며, 때에 따라 실시간으로 이루어질 수도 있다. 이 과정은 대개 A와 B 양측 간에 진행 중이거나 실행된 거래를 평가하는 외부 감사를 통해 이루어진다. 스마트 컨트랙트의 감사는 거래로 취급되지 않기 때문에 블록체인에 등록되지 않는다. 스마트 컨트랙트는 기존의 계약과는 다르다. 스마트 컨트랙트는 제3의 보증기관 없이 탈중앙화된, 신뢰할 수 있는 디지털 수단을 통해 자산을 관리하므로 합의한 사항을 위반할 수 없다. 그래서 스마트 컨트랙트를 실행하면 검증, 실행, 중재, 부정행위 감시 등에 드는 비용을 절감할 수 있다.

▶ 스마트 컨트랙트를 이용한 복권 시스템이 있다고 가정해보자. 이 시스템에서 참가자들은 스마트 컨트랙트를 통해 가상의 복권을 구매할 수 있다. 스마트 컨트랙트는 참가자 중에서 당첨자를 추첨한다. 스마트 컨트랙트가 배포되면 블록체인을 통해 규정을 확정할 수 있다. 이제 참가자가 티켓을 구매하면 그중 당첨자

가 뽑히고 당첨금이 지급된다는 규정이 실행된다. 스마트 컨트랙트를 통해 실행이 보증되는 추첨 과정에는 제3의 중개기관이 개입될 필요가 없다.

▶ 온라인 광고와 이더리움 호환 토큰ERC-20인 베이직 어텐션 토큰BAT, Basic Attention Token을 예로 들어보자(CHAPTER 26, CHAPTER 29 참조). 스마트 컨트랙트를 이용해 광고주들은 BAT 토큰을 마련해놓고 웹브라우저를 통해 광고를 게재할 수 있다. 광고가 게재될 때마다 BAT 토큰이 콘텐츠 크리에이터, 광고를 본 사용자, 그리고 퍼블리셔에게 분배된다.

이처럼 스마트 컨트랙트는 이더리움 블록체인(CHAPTER 29 참조)에서 개발된 디앱(탈중앙화 애플리케이션)의 핵심 기술이다. NFT는 바로 이 스마트 컨트랙트 기술에 기반하고 있다.

CHAPTER 29

이더리움의
핵심

이더리움은 비트코인에 뒤이어 등장한 분산 컴퓨팅 플랫폼으로 자체 디지털 통화인 이더를 발행한다.[*] 이더리움은 튜링 완전 프로그래밍 언어로 구동되며 참여자는 스마트 컨트랙트(**CHAPTER 28** 참조)를 통해 디앱을 배포할 수 있다. 2013년, 당시 19세였던 러시아계 캐나다인 비탈릭 부테린은 스마트 컨트랙트에 특화된 블록체인 플랫폼 이더리움의 개발을 제안했고 2016년, 이더는 비트코인의 뒤를 이어 세계에서 두 번째로 가장 많이 사용되는 암호화폐가 되었다. 이디의 기본 단위는 웨이$_{wei}$로 1웨이는 10^{-18}이더다.

* www.ethereum.org

단위	액면가(웨이)	웨이
Wei	1 wei	1
Kwei(babbage)	10^3 wei	1,000
Mwei(lovelace)	10^6 wei	1,000,000
Gwei(shannon)	10^9 wei	1,000,000,000
Microether(szabo)	10^{12} wei	1,000,000,000,000
Milliether(finney)	10^{15} wei	1,000,000,000,000,000
Ehter	10^{18} wei	1,000,000,000,000,000,000

표 29.1 이더리움의 단위

이더리움 주소와 계정 잔액

이더리움 주소는 ECDSA_{Eliptic Curve Digital Signature Algorithm}(타원곡선을 이용한 전자 서명 알고리즘) 공개 키로 Keccak-256 해시함수를 실행해 '0x'로 시작되는 16진수 문자열을 조합해 생성된다.[•] 사용자는 계약을 할 때 계약 생성자의 주소와 거래를 검증한 논스를 기반으로 작성된 이더리움 주소를 받는다.[••] 이더리움 블록체인에는 스마트 컨트랙트가 저장되어 있다. 이러한 스마트 컨트랙트는 자바스크립트와 유사한 프로그래밍 언어인 솔리디티 언어로 작성할 수 있다(CHAPTER 33 참조).[•••]

• ECDSA는 타원곡선과 해시함수를 이용한 전자 서명 표준이다.
•• 논스는 단 한 번만 임시로 사용할 수 있는 숫자로 대개 임시로 생성된 난수 또는 의사 난수다.
••• 자바스크립트의 영향을 받아 개발된 솔리디티는 정적 타입의 프로그래밍 언어로 유저 정의 타입, 상속, 라이브러리를 지원한다.

이더리움은 계정과 상태 변경에 따라 계정 잔액에 따라 작동하며, 특히 이 상태는 모든 이더 계정의 잔액에 따라 달라진다. 예를 들어, 각 이더리움 주소는 주소를 나타내는 솔리디티 객체 속성으로서 액세스 가능한 잔액(Balance)을 가지고 있다. 객체 속성이란 객체가 가지는 특정한 정보를 의미하며, 이더리움 주소의 경우 주소를 나타내는 솔리디티 객체 속성으로서 잔액(Balance)을 가지고 있다는 것을 의미한다. 다음 프로그래밍 예시에서 주어진 코드는 이더리움 스마트 컨트랙트 코드로, 주어진 코드는 현재 실행되고 있는 주소(this)와 다른 주소(Bob)를 선언하여 잔액을 비교한다. 현재 실행되고 있는 주소(Alice)가 10이더 이상을 가지고 있다면, Bob 주소로 7이더를 전송하라는 의미의 코드이다.

```
address Alice = this ;      // it's me
address Bob = 0x123 ;       // the recipient of the payment
if(this.balance )= 10)      // if i have more than 10 ethers
        Bob.transfer(7) ;   // so I give 7 to Bob
```

이더리움 블록체인 그 자체의 상태는 블록체인이 아닌 별도로 사전에 지정된 머클 트리에 저장된다. 실제로 이더리움의 모든 블록 헤더에는 세 가지 머클 트리가 포함되어 있다. 머클 트리는 특히 각 블록의 공간을 절약하고 라이트 클라이언트에 대한 효율적인 프로토콜을 가능하게 한다.

- ▶ 거래 트리.

- ▶ 상태 트리.

- ▶ 영수증 트리(거래나 계약의 결과를 보여주는 데이터).

　모든 계정의 잔액을 저장하는 것이 전체 거래를 저장하는 것보다 훨씬 효율적이다. 예를 들어 2018년 초, 1,000만여 명의 비트코인 사용자는 3억 달러가량을 거래했다.* 그런데 일부 사용자가 검증된 거래를 통해 코인을 받았음에도 같은 거래를 여러 번 재실행하려고 하는 데서 문제가 생겼다. 비트코인 블록체인에서 이전 거래가 블록체인에 이미 등록되었다면 이런 시도는 탐지될 수 있다. 그러나 계정만을 관리하는 기초적인 프로토콜로는 같은 거래가 여러 번 실행될 수 있는 문제가 생길 수 있다. 이런 문제를 방지하기 위해 이더리움은 각 계정에 번호를 붙여 거래가 순차적으로 이루어지도록 하여 같은 거래가 여러 번 실행될 가능성을 차단한다.

● bitinfocharts.com/top-100-richest-bitcoin-addresses.html

　blockchain.info/charts/n-transactions-total

작업증명의 핵심은 이더 해시

이더리움의 상태 변경은 채굴자들의 작업증명$_{PoW}$을 통해 검증된다 (**CHAPTER 23** 참조). 2022년 9월, 이더리움은 작업증명에서 지분증명$_{PoS}$ 으로의 전환이 성공적으로 이루어졌다. 비트코인의 작업증명 알고리 즘과 유사한 이 알고리즘을 이더리움에서는 이더 해시라 한다. 이더 해시가 이룬 가장 큰 혁신은 해시 퍼즐을 풀기 위해 실행하는 두 개 의 해시함수 연산에서 외부 데이터에 여러 번 액세스해야 한다는 것 이다. 그래서 채굴을 시도할 때마다 알고리즘은 이 외부 데이터에 연 속적으로 액세스하기 위해 훨씬 더 많은 메모리를 사용한다. 이 때문 에 채굴이 쉽지 않고 연산 속도에 한계가 있다. 심지어 에이식$_{ASIC}$(작업 증명에 최적화된 주문형 반도체)을 사용한다 해도 일반 프로세서보다 더 큰 효율을 내지 못한다.

처음으로 이더 블록을 검증한 채굴자, 즉 이더 해시 결괏값이 타깃 값(해시퍼즐의 해답)보다 작은 논스를 처음으로 발견한 채굴자는 5이 더('비잔티움' 하드포크로 업데이트된 이후에는 3이더로 변경되었다)를 보상받는 다.* 채굴할 수 있는 이더의 수는 제한되어 있지만(이더가 매년 발행된다 고 해도 총발행량은 1,800만 개로 고정되어 있다) 매년 발행되는 이더의 수가

---

* 매년 발행되는 1,800만 이더는 이더리움 블록체인의 첫 번째 블록인 제네시스 블록에서 발 행된 이더 수(7,200만 개)의 25%에 해당한다. 이더리움 재단의 자금 마련을 위해 6,000만 개의 이더리움이 사전 판매되었고 이 중 1,200만 개의 이더리움은 이더리움 재단에 귀속되 었다. 매년 발행량이 일정 수준으로 제한되기 때문에 이더리움 코인의 증가율은 지속적으로 감소하게 된다.

매년 소멸(또는 이더리움 용어로 소각)되는 이더의 양보다 더 많은 만큼 이더의 보유량은 계속 증가할 것이라는 전망이 지배적이다.[*]

이더리움 가스비

블록체인에서 거래를 검증하는 것은 계약 실행을 검증하는 것이나 마찬가지다. 따라서 상태 변경을 검증할 때 '가스비'라는 고정되지 않은 비용이 든다. 이 가스비는 특히 계약의 내용, 즉 검증이 얼마나 복잡한가에 따라 달라진다. 계약 생성자는 거래를 위해 '가스 가격'을 제안해야 한다. 소비된 가스 양에 비례하는 가스비는 채굴을 통한 보상에 더해지는 인센티브로 채굴자로 해금 거래를 검증하도록 유도할 수 있다. 예를 들어 Keccak-256 함수로 해시값을 연산할 때는 30가스 유닛이 소요되며 256비트 해시값 데이터에는 6가스 유닛이 추가된다. 그래서 이더를 전송할 때는 2만 1,000가스 유닛이 필요하며 스마트 컨트랙트에는 더 많은 가스 유닛이 요구된다. 이더를 전송할 때 2만 1,000의 가스 유닛이 필요하고 가스당 가격이 15Gwei(기위)이므로 이 둘을 곱한 값이 총 가스비(수수료)가 된다. 즉, 가스 가격이 15Gwei(기위)라면, 거래당 가스비는 2만 1,000가스 유닛×15기위 가

● 　개인 키를 분실하거나, 수신자의 주소를 입력하면서 오류가 발생하거나, 이더 소유자가 사라지는 경우, 다른 코인과 마찬가지로 이더는 소멸된다.

스 가격=315μETH이다. 가스 가격은 네트워크의 실시간 혼잡도에 따라 달라지는데 0~99Gwei까지 본인이 설정할수 있다. 이 가스 가격이 수수료를 최종적으로 결정짓는 값이 된다(10억 Gwei=1eth).

영지식 스나크를 이용한 개인정보 보호

이더리움은 2017년 10월 16일, 비잔틴 하드포크를 실행하면서 영지식 증명ZKP인 영지식 스나크를 도입했다.[*] 이 하드포크를 통해 이더리움은 블록체인에 저장된 스마트 컨트랙트의 개인정보를 보다 안전하게 보호할 수 있게 되었다. 영지식 스나크를 활용한 블록체인 거래의 경우 수신자, 송신자, 전송 금액 등의 정보를 노출하지 않고도 해당 거래의 유효성을 송수신 노드 외의 다른 노드에 알릴 수 있기 때문이다. 따라서 이런 계약을 이용하면 하나의 프로그램을 계약 조건 전체로 변환해 연산이나 전체 거래가 잘 이루어졌는지를 확인할 수 있다.

그러나 영지식 스나크를 통한 검증은 연산의 복잡도와 별개로 비용이 많이 들고 160만 가스 유닛에 가까운 큰 비용이 소요된다. 영지식 스나크는 이더리움의 복잡한 연산에 적용할 수 있지만 이더리움 레이어 2 오프체인(CHAPTER 22 참조)을 통해 이더리움 블록체인의 처리 능력을 현저하게 향상시키기 위해 적용된 영지식 롤업 메커니즘

---

[*] 영지식 증명은 암호화폐 교환 시, 당사자 간 프라이버시를 보호하는 데 그 목적이 있다.

에는 잘 적용되지 않는다.

이더리움 생태계

이더리움 블록체인은 출시되었을 때부터 스마트 컨트랙트를 개발하고 실행할 수 있는 안전하고 독립된 환경(이더리움 가상 머신EVM, Ethereum Virtual Machine)에 기반하고 있는 블록체인으로 평가되었다. 스마트 컨트랙트가 디앱 개발의 길을 열어주었다면, 그다음 단계는 탈중앙화 통신 프로토콜에 연동된 탈중앙화 파일 시스템 솔루션일 것이다.

스웜Swarm은 파일이 콘텐츠의 해시값에 의해 나열되는 분산 데이터 스토리지 네트워크다. 스웜은 일종의 인증된 비트토렌트Bittorrent(P2P 파일 전송 프로토콜)라고 할 수 있다.* 즉, 모든 데이터가 여러 노드에서 저장 및 회수될 수 있고, 그 외 네트워크의 노드에는 이더를 지급하는 방식을 통해 데이터를 복제하도록 유도한다.

IPFS는 웹과 같은 분산형 파일 시스템과 유사한 프로토콜이다. IPFS는 전 세계 여러 컴퓨터에 분산 및 저장되어 있는 콘텐츠를 찾아 데이터를 조각으로 잘게 나눠서 빠른 속도로 가져온 후 하나로 합쳐서 보여주는 방식으로 작동한다. 각 노드는 데이터를 저장하고 파일

* 비트토렌트는 2001년에 개발된 P2P 파일 교환 프로토콜로 현재 다수의 콘텐츠 배포 어플리케이션과 트론 블록체인 내에서 사용되고 있다(CHAPTER 37 참조).

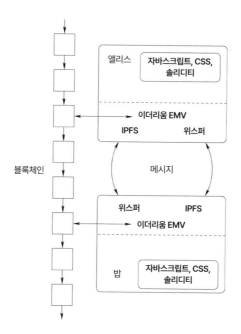

그림 29.1 이더리움 생태계

코인을 보상받는다(**CHAPTER 06** 참조). 이런 프로토콜은 이미 구체적으로 구현되어 있다. 대표적으로 웹에서 구동되고 IPFS 네트워크를 이용해 동영상을 올리거나 볼 수 있는 블록체인 스팀_{Steem} 기반의 탈중앙화 비디오 스트리밍 플랫폼을 위한 애플리케이션, 디튜브_{DTube}가 있다.

스웜이나 IPFS의 네트워크는 분산되어 있고 네트워크가 연결된 곳곳에서 파일 콘텐츠의 해시값을 통해 파일에 접근할 수 있다. 그래서 스웜과 IFPS를 이용해 애플리케이션을 구현하는 소스코드를 저장하고 디앱을 생성할 수 있다. 일반 애플리케이션이 모바일 모듈에서 전개되는 프로그램으로 원격 서버에서 실행되는 코드를 사용한다면, 분산 애플리케이션인 디앱은 스마트 컨트랙트를 이용하는 모바일 모듈에서 전개되는 프로그램이다.

마지막으로, 위스퍼Whisper는 디앱의 상호작용을 위한 통신 프로토콜이다. 위스퍼는 P2P 프로토콜을 이용해 같은 네트워크에 있는 사용자들끼리 메시지를 주고받을 수 있게 해준다. 〈그림 29.1〉에서 보는 것처럼 이더리움, 이더리움 가상 머신, 분산 스토리지 플랫폼 스웜, 그리고 통신 프로토콜 위스퍼는 함께 공존하며 완벽한 생태계를 구성한다. 이 모든 요소가 블록체인과의 상호작용에 필요하다.

캐스퍼와 이더리움 2.0

캐스퍼Casper*는 이더리움이 지분증명으로의 전환을 완료하기 이전 블록체인의 안정성을 높이기 위해 적용된 알고리즘으로, 작업증명과 지분증명을 혼합하여 사용한다.** 작업증명은 이더리움의 초기 버전에서 사용되던 알고리즘으로, 채굴자들이 컴퓨팅파워를 사용하여 난이도를 맞추며 블록을 생성하는 것을 검증하는 방식을 사용한다. 지

- arxiv.org/abs/1710.09437
- 이더리움 작업증명 알고리즘 '이더해시(Ethash)'도 차후에 지분증명 알고리즘으로 전환될 것이다.

분증명은 채굴자들이 자신이 가진 이더리움의 양을 기준으로 블록을 생성하는 것을 검증하는 방식이다. 캐스퍼는 이러한 작업증명과 지분증명을 혼합하여 사용하는 알고리즘으로 특성은 다음과 같다.

▸ 안정적으로 변동한다. 실제로 전체 검증자의 구성과 규모가 가변적이다. 그러나 전체 검증자에 대한 변경 절차는 합의에 영향을 주지 않는다.

▸ 지분을 많이 가진 공격자가 악의적인 블록을 추가해서 발생하는 스테이크 공격 Nothing at Stake을 방지하기 위해 악의적인 검증자에게 페널티를 부과한다. 스테이크 공격은 지분을 많이 갖고 있는 공격자가 잘못된 블록을 생성하여 지분 증명 방식의 블록체인을 공격하는 행위를 의미한다. 지분율에 따라 검증되는 블록체인 특성상 이 공격이 성공하면 공격자는 위조된 거래를 생성하여 이득을 취할 수 있다.

▸ 지분증명에서 발생할 수 있는 주요한 두 가지 공격인 롱 레인지 공격(오래된 블록부터 시작하는 새로운 체인을 메인체인으로 만들어 이중 지불을 하는 공격) 및 각종 치명적 공격에 대한 방어 메커니즘을 도입했다.•

▸ 캐스퍼는 모듈식 구조를 가지고 있기 때문에, 기존의 프로토콜 설계와 다른 접

• '롱 레인지' 공격이란 악의적 검증자가 자신의 예치금을 회수한 뒤 동기화되지 않은 사용자로 하여금 자신이 여전히 검증자라고 믿게 만들어 이중 지불을 유도하는 공격이다. 검증자가 예치금 회수를 요청하는 순간과 그가 예치금을 실제로 회수하는 순간 사이의 시간을 연장하면 이러한 유형의 공격을 감소시킬 수 있다. '치명적' 공격은 다수의 검증자가 오프라인 상태가 되어 다수의 참여자가 네트워크에 나타나지 못하도록 방해하는 일종의 서비스 거부 공격이라 할 수 있다. 투표하지 않은 검증자는 자신의 예치금 일부를 회수하지 못하도록 하면 이러한 유형의 공격을 감소시킬 수 있다. 이런 방식을 적용하면 결국 다수의 참여자가 네트워크에 다시 등장할 수 있다.

근법을 취하여 블록의 검증 제안 메커니즘을 쉽게 변경할 수 있다. 이러한 특징 때문에 이더리움 3.0을 위해 기존의 캐스퍼를 대체하는 새로운 캐스퍼 CBC_{Casper Correct by Construction}를 개발하고 있다.

실제로 검증자는 투표를 통해 블록당 하나의 자손 블록을 선택한다(대개 검증자는 트리에서 하나의 경로에 투표할 수도 있다). 한 개의 블록은 최소한 검증자의 3분의 2(예치금 총량 기준)가 투표할 때만 블록체인에 등록된다.

이더리움 하드포크를 통한 업데이트 '이더리움 2.0(또는 세레니티)'은 지분증명을 기반으로 하는 스마트 컨트랙트 플랫폼의 초석이 될 것이다. 이더리움 2.0은 TPS(초당 거래 처리 속도)가 10만 건으로 증가할 것으로 전망하고 있다. 이더리움 2.0의 목표는 캐스퍼로의 전환(이더리움이 지분증명으로 이행하는 과정의 첫걸음이 될 수 있는 캐스퍼-FFB 방식) 이외에도, 샤딩(데이터베이스나 네트워크 시스템을 여러 개의 작은 조각으로 나누어 분산 저장하고 관리하는 것)을 통해 네트워크의 효율을 높이는 데 있다. 샤딩은 이더리움 체인을 여러 개의 하위 체인(샤드, Shard)들로 분할한 뒤, 노드들을 그룹별로 나누어 샤드당 한 그룹씩 배치시키는 것이다. 이때, 노드들은 소속되어 있는 샤드의 트랜잭션만 검증하고 저장하면 되기 때문에 결과적으로 네트워크 부담을 줄이고 효율성은 증가하는 효과가 생긴다. 기존의 이더리움은 하나의 블록 검증에 전체 노드가 참여했다면, 샤딩은 노드를 64개 소규모 그룹 샤드로 나눠 각 그룹이 거래를 동시다발적으로 처리하도록 한다. 이때 비콘체인

BeaconChain(**CHAPTER 22** 참조)은 각 샤드에 노드를 무작위로 배정해 담합과 공격을 방지한다. 이더리움 2.0 업데이트는 아래와 같이 크게 3단계에 걸쳐 실행된다.[*]

- ▶ 0단계(2020년 12월): 비콘 체인 출시.
- ▶ 1단계(2022년 9월): 독자적 플랫폼인 이더리움 '메인넷'과 비콘체인을 병합해 합의 알고리즘을 지분증명으로 공식 전환하고 이더리움 데이터를 마이그레이션.
- ▶ 2단계(2023년 예정): 동기화된 다수의 샤드 생성.

[*] ethereum.org/en/eth2

CHAPTER 30

ICO가 금지된
진짜 이유

2014년부터 모네로, 지캐시_{GCash}와 같이 익명성을 보장하는 탈중앙화 암호화폐를 표방하는 2세대 암호화폐(**CHAPTER 24** 참조)가 등장하기 시작했다. 이후 이더리움(**CHAPTER 29** 참조)과 중국 최초의 블록체인 기반 암호화폐 네오_{NEO}는 스마트 컨트랙트(**CHAPTER 28** 참조)와 같은 신기술을 개발했다. 이런 신기술의 등장은 스마트 컨트랙트를 통해 거버넌스 규정이 블록체인에 등록되는 탈중앙화 자율 조직의 출현을 견인했다.

게다가 주식 공개 모집과 유사한 새로운 자금 조달 방식인 ICO가 가능하게 되었다. ICO, 즉 암호화폐 공개란 크라우드펀딩의 일종으로 새로운 암호화폐나 토큰을 개발할 때 불특정 다수의 투자자로부터 초기 개발 자금을 모집하고 그 대가로 코인을 나눠주는 행위를 말한다. 최초의 ICO는 이더리움이었다.

ICO 방식을 통해 스타트업은 새로운 암호화폐나 토큰(대체 가능 토큰 또는 대체 불가능 토큰)과 같은 새로운 디지털 자산 개발을 위한 초기 자금을 모집할 수 있다. 투자자들이 기존의 암호화폐(이더 또는 비트코인)와 교환하는 방식으로 새로운 암호화폐를 구매하는 두 가지 이유는 다음과 같다.

▶ 새롭게 등장한 디지털 자산의 가치 상승 및 재판매 시 차익을 기대할 수 있다.
▶ ICO 방식으로 설립된 기업이 제공하는 서비스를 이용할 수 있다.

이더리움의 암호화폐 공개

비탈릭 부테린은 2013년 이더리움 백서White Paper를 쓰며 이더리움의 개념을 세상에 선보였다. 그는 2014년 초, 이더리움 소프트웨어 개발과 초기 자금모집이 진행될 것이라고 예고했고 2014년 7월 20일부터 9월 2일까지, 42일간 온라인으로 ICO를 진행했다. 그는 특이하게도 이더리움을 비트코인과 맞교환하는 방식으로 크라우드펀딩을 진행했다. 처음에는 1비트코인을 2,000이더로 교환할 수 있었고 이후에는 1,337이더로 교환할 수 있었다. ICO 방식을 통해 이더리움은 3만 1,529비트코인을 모금하는 데 성공했다. 당시 달러로 환산하면 1,800만 달러가 넘는 금액이었다.

이런 방식은 기업공개, 즉 IPO_{Initial Public Offering}라 불리는 주식 공개 매도 방식과 유사하다. 기업이 실행하는 IPO는 주식을 구매한 사람에게 권리가 부여되는 주식을 취득할 수 있게 해준다. 이런 방식은 새로운 프로젝트를 실현하기 위해 자금을 모으는 크라우드펀딩과 구별된다. 크라우드펀딩은 주식 매도와 달리 소유권이 없고 따라서 미래에 창출될 수익에 대한 권리도 없다.

ICO는 프로젝트를 개시한 쪽에서 선택할 수 있고 기여한 금액에 따라 보상도 달라진다. 게다가 직접적으로 수익이 발생하는 토큰을 획득할 수 있다. 그러나 관련 프로젝트가 지속 가능한 단계에 들어서기도 전에 ICO가 이루어진다는 데 문제가 있다. 오른쪽 표에 ICO와 IPO의 유사성 및 크라우드펀딩과 벤처캐피털의 차이점이 제시되어 있다.

ICO는 2017년에서 2018년, 그리고 2021년 버블 시기에 큰 성공을 거두었고 ICO가 법의 테두리 안에 들어온 현재 ICO 개시 건수는 전반적으로 계속 감소 추세에 있다. ICO는 현재 대한민국에서는 불가능하다.

ICO는 기업이 안정기에 접어들기도 전에 투자를 진행하는 것인 만큼 때로 획득한 토큰에 대해 큰 위험을 부담해야 하고 후에는 토큰의 교환이 어려워질 수도 있다. 이런 문제를 보완하기 위해 또 다른 형태의 자금 조달 방식인 STO(증권형 토큰을 제공하는 방식)가 등장했다. 이런 증권형 토큰은 기초자산이 존재하는 형태를 지님으로써, 해당 기초자산의 소유권 또는 수익을 배당받을 권리 등이 주어졌다. 물

IPO와 크라우드펀딩, 벤처캐피털과 ICO의 비교

구분	특성	IPO	크라우드펀딩		벤처캐피털	ICO
			보상	실행		
스타트업 중소기업	자금 조달 단계	기업 성장이나 수익성의 기준이 만족되었을 때	프로젝트 개시 전	프로젝트 착수 자금	중간 단계	모든 단계
	발행	주식 매도	금융 상품(쿠폰)	투자 상품	주식 매도	토큰(대체 가능 또는 대체 불가 능), 암호화폐
투자자	형태	공개	프로젝트 지원 조기 투자자	엔젤 투자자	출자자	모든 형태
	투자 동기	재정적 이유	재정적 또는 비재정적 이유		재정적 이유	재정적 또는 비재정적 이유

거래의 특성

총액		> 10만 달러	1,000달러~ 15만 달러	10만 달러~ 200만 달러	50만 달러~ 1,000만 달러	> 10만 달러
거래 비용		높음	낮음		중간	낮음
거래 설명 방식		공개 발행 리플릿	프로젝트 설명	비즈니스 플랜 및 프로젝트 개시 플랫폼	비즈니스 플랜 및 프로젝트 개시 플랫폼	백서
규제 강도		높음	낮음		중간	낮음

거래 후 특성

유동성	높음	낮음		낮음	높음(리스팅 되었을 때)
투표권	있음	없음		있음	시큐리티 토큰만 있음
거래 종료 시	오픈 마켓 거래	상장		상장	ICO, 오픈마켓 거래

표 30.1 IPO, 크라우드펀딩, 벤처캐피털, ICO 비교

출처: doi.org

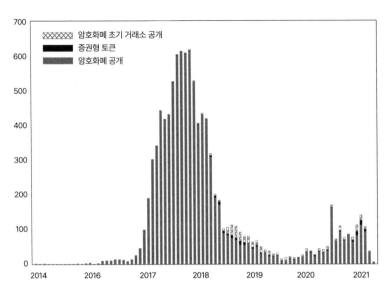

▨▨▨▨ 암호화폐 초기 거래소 공개
▬▬▬ 증권형 토큰
▬▬▬ 암호화폐 공개

2014   2016   2017   2018   2019   2020   2021

그림 30.1 ICO, STO, IEO 월간 론칭 수

출처: icoholder.com
단위: 개

론 해당 기초자산 기반으로 증권형 토큰을 발행하기 위한 기관은 금
융기관의 현행 규정을 따르고 있는지를 검증받기 위해 면밀한 심사
를 거쳐야 한다. 현재 대한민국에서는 STO를 위한 법률 또는 가이드
라인이 만들어져 있지 않다. STO에 대한 법률이 정비된다면, STO를
기획한 기업과 투자자는 신뢰할 수 있는 법적 테두리 안에 놓이게 되
고 이를 통해 ICO에서 발생할 수 있는 투기와 시장 조작문제를 통제
할 수 있다. 이렇게 STO는 안정적인 수익률을 보장할 뿐 아니라 투표
권도 부여하기 때문에 기존 주식과 유사한 기능을 한다.

 마지막으로 투자 리스크를 줄일 수 있는 또 다른 자금 모집 방식으
로는 IEO_{Initial Exchange Offering}(거래소 중심 암호화폐 공개)가 있다. 기업들이 발

행 목적, 규모, 운용 계획 등을 포함한 백서를 공개하고 신규 암호화폐를 발행해 투자자들로부터 사업 자금을 모집하는 방식은 같지만 IEO의 경우 사업자와 투자자 사이에 중앙화된 거래소가 중간자 역할을 한다. 블록체인 기술을 개발하는 스타트업의 입장에서 IEO를 실행하면 다음과 같은 두 가지 장점이 있다.

1. 거래소에서 판매와 거래 지원이 이뤄지기 때문에 투자자들의 신뢰와 관심을 동시에 얻을 수 있다.
2. 자체 플랫폼을 개발할 필요가 없어 쉽게 자금을 모을 수 있다.

하지만 자금모집 방식에 대한 규정은 여전히 제대로 마련되지 않고 있고 관련 법규가 있다 해도 국가마다 천차만별이다. 중국은 2017년 9월부터 자국에서 모든 ICO를 금지했다. 유럽은 암호화폐 거래의 잠재적인 위험을 관리하기 위해 암호화폐에 대한 감독과 규제방안을 마련하고 있다. 대한민국 정부는 2017년 9월 ICO 전면 금지라는 입장을 내놓았다. 비록 법적 효력이 없는 가이드라인(행정지도)이지만, 국내에서는 사실상 ICO가 이루어지지 않았다. 일부 거래소들은 2018년에서 2020년 사이 IEO를 통해 우회하는 시도를 하였지만 IEO 역시 정부의 방침에 위배된다는 시장의 인식이 생기면서 현재는 IEO도 진행되지 않고 있다. 하지만 현재 대기 중인 '디지털자산 기본법'을 통해 ICO 허용에 대한 논의가 진행 중이다.

CHAPTER 31

탈중앙화 금융이
곧 디파이

기업과 기관이 블록체인의 잠재력에 주목하기 시작했을 때, 금융
계는 블록체인을 기반으로 기존 은행의 개입 없이 금융 서비스를 실
현할 수 있다는 가능성을 제시했다. 온라인 결제에서 암호화폐 스토
리지까지 거의 모든 금융 서비스를 다루는 블록체인은 탈중앙화 금
융, 즉 디파이를 선보이며 기존 금융 시스템에 지각 변동을 일으키고
있다.

분산원장기술을 활용한 디파이는 몇 가지 고유한 특성 때문에 기
존 금융 시스템과 확연히 구분된다. 첫째, 디파이는 처음부터 디지털
시스템으로 개발되었다. 둘째, 분산된 인프라를 기반으로 시스템을
관리하기에 탈중앙성과 검열 저항성이라는 장점을 갖추고 있다. 즉,

디파이는 통제 기관도, 중앙화된 스토리지도 없이 작동하기 때문에 검열에 저항할 수 있다. 마지막으로 디파이는 시스템의 이용, 조회뿐만 아니라 시스템의 참여에서 구축까지 모두에게 개방되어 있다.

디파이는 무엇보다도 블록체인에서 실행되고 저장되는 디앱(**CHAPTER 28** 참조) 구현을 가능하게 한 스마트 컨트랙트의 도입 덕분에 개발될 수 있었다. 이렇게 디파이는 채권, 상거래, 징수, 투자, 이자 수익, 또는 재테크 수익과 같은 여러 금융 분야에 진출하기 시작했다. 디파이는 주로 다음과 같은 다섯 가지 서비스를 제공한다.

- ▶ 탈중앙화 대출.
- ▶ 탈중앙화 거래소.
- ▶ 탈중앙화 결제.
- ▶ 탈중앙화 파생금융 상품.
- ▶ 탈중앙화 신탁 서비스.

탈중앙화 대출

탈중앙화 대출 및 대여 플랫폼은 디파이 생태계의 가장 대표적인 시스템이다. 스마트 컨트랙트를 활용한 플랫폼을 통해 채권자 입장의 사용자는 자산을 제공하거나 스테이킹(예치)할 수 있고 채무자 입장의 사용자는 대출을 받고 이자를 지불할 수 있다. 대표적인 대출 플랫폼으로는 에이브Aave,* 컴파운드Compound,** 알케믹스Alchemix***를 꼽을 수 있다. 이런 플랫폼을 이용하면 대출해줄 수 있는 대부업자를 찾을 필요도, 대출 이율을 협상할 필요도 없다.

현재 이런 대출은 다양한 형태로 이루어지고 있으며 대출 상환 보증 방식에는 차이가 있다. 디파이는 대출자에 대한 신용평가도와 중개인 없는 대출 실행을 위해 대출 금액보다 더 큰 액수를 담보로 이용하는 담보 대출을 제공한다. 그래서 대출자가 대출 금액을 커버할 수 있는 담보를 걸면 대출이 승인된다. 이 모든 절차는 초기 담보 비율을 정하고 담보를 관리하며 자금을 제공하는 스마트 컨트랙트를 통해 이루어진다. 그래서 채권자의 자금이 대출자에게 전송되면 대출자의 담보가 채권자에게 전송된다. 대출금 상환 시에는 이와 반대로 절차가 진행된다.****

또한 디파이는 독자적인 대출 시스템, 플래시론Flash Loan을 제공한다.

---

* aave.com
** compound.finance
*** alchemix.fi
**** 대출금이나 담보의 가치가 변동하면 미묘한 문제가 발생할 수 있다. 담보의 가치가 하락하거나 반대로 대출금의 가치가 상승하면 대출에 대해 정해진 담보비율이 유지되지 못하기 때문이다. 차용인은 이에 대해 조치를 취하고 담보를 추가하거나 대출금 일부를 상환해야 하지만 직접적으로 개입할 수 없다. 스마트 컨트랙트는 단독으로 작동할 수 없기 때문에 시장과 대출의 상태를 파악한 후, 제3의 기관이 개입해 담보를 처분하고 이자를 포함해 대출금을 상환하여 청산을 진행해야 한다. 현재 탈중앙화 시스템(무엇보다도 플랫폼에서 발생할 수 있는 부정행위를 방지하기 위해)에서는 이러한 절차를 시장의 중개인에게 맡긴다. 대출금이 담보 비율 아래로 떨어지면 절차에 따라 권한이 주어진 누구든 특정 규정에 의거해 직접 담보를 매수하거나 담보에 대해 경매를 진행할 수 있다. 시장에서 형성된 가격보다 낮은 가격으로 담보를 매수할 수 있는 중개인에게 이 두 가지 옵션이 권장된다.

플래시론은 일시적으로 담보를 설정하고 대출을 받은 후 트랜잭션이 끝나기 전에 중간 과정에서 대출받은 암호화폐를 이용해 차익거래 등으로 이득을 취한 후 마지막에 대출을 상환하는 방식으로 이루어진다. 차익거래는 거래소마다 코인의 시세가 다른 점을 이용해 시세 차익을 얻는 것을 말한다. 플래시론은 블록체인의 하나의 트랜잭션에서 진행되는데, 한 트랜잭션에서 처음에 담보 대출을 받고 중간에 어떤 과정을 거치더라도 마지막에 대출금을 갚을 수만 있으면 트랜잭션이 실행된다.

디파이의 핵심은 대출, 대출금 사용, 상환이 하나로 묶여 여러 행위가 단일한 거래로 이루어진다. 그래서 거래가 완성되었든 실패했든 가스비를 지급해야 한다. 블록체인에서 채권자는 늘 자금을 보유하고 있어야 하고 대출자가 블록체인의 거래 처리 비용을 낸다.

플래시론은 대출에 전제조건이 붙지 않기 때문에 매우 손쉽게 대출을 실행할 수 있다. 실제로 채권자는 스마트 컨트랙트 덕분에 자금 회수를 보장받지만, 채무자는 대출금 전액을 상환하지 않는 한 대출금에서 결제를 실행해도 블록체인에서 유효성을 인정받지 못한다. 따라서 채무자가 동일한 거래에서 최종적으로 대출금을 상환하지 않으면 대출자가 대출금으로 실행한 모든 거래는 취소된다. 그래서 플래시론의 핵심인 RUP~Receive, Use & Pay~는 유가증권뿐만 아니라 계약, 자산, 또는 파생상품의 일시적 가격 차이를 이용해 수익을 발생시키는 차익거래~Arbitrage~에 이용되기도 한다. 예를 들어, 다음과 같은 단일한 이더리움 거래가 있다고 가정해보자.

0×01afae47b0c98731b5d20c776e58bd8ce5c2c89ed4bd3f8727fa
d3ebf32e9481

이 거래는 다음 거래를 하나로 묶어 450,000＝42,730USDC, 즉 거래 수수료 및 가스비를 제외하고 4만 3,000달러가량의 차익을 실현시켰다.

1. 디와이디엑스_{dYdX}에서 40만 5,607USDC를 대출함.
2. 이더리움 블록체인에서 운영되는 탈중앙화 거래소_{DEX}, 유니스왑을 통해

디파이를 노리는 플래시론 공격

플래시론 역시 악의적인 목적으로 이용될 수 있다. 플래시론 공격은 해커가 인위적으로 담보의 가치를 조작해 그 가치보다 많은 금액을 대출받고 정상 가치로 상환한 후 그 차익을 얻는 방식으로 이루어진다. 이런 공격이 이루어진다고 해서 플래시론 구조 자체를 문제 삼을 수는 없다. 대개의 플래시론 공격은 해당 플랫폼 스마트 컨트랙트 보안에 구멍이 뚫렸거나 버그가 발생한 것이 원인이었기 때문이다. 가장 널리 알려진 플래시론 공격은 2021년 5월에 발생한 '팬케이크 버니' 사건이다. 이는 해커들이 버니 토큰의 시세 조작을 통해 수천만 달러로 추정되는 이득을 본 사건이다. 해커들은 1만 100이더, 당시 환율로 2,350만 달러를 인출했으나 이 공격에 소요된 총비용은 10달러에 불과했다.

45만 USDC를 1,072이더로 교환함.

3. 유니스왑을 통해 1,072이더를 49만 2,799USDT로 교환함.

4. 대출자에게 유리한 환율을 제공하는 경쟁 거래소 커브Curve를 통해 49만 2,799USDT를 49만 2,730USDC로 교환함.

5. 40만 5,067USDC를 디와이디엑스에 상환함.

이외에도 금융 거래(예를 들면 담보 대출) 시 신용 리스크를 최소화하기 위해 자산(일반적으로 이더)을 담보로 제공하는 담보 스와핑Collateral Swap이나 자체청산과 같은 식으로 플래시론을 이용할 수도 있다.*

탈중앙화 거래소DEX

탈중앙화 거래소DeX, Decentralized exchange는 암호화폐 사용자끼리 개인 간 금융 거래P2P 방식으로 운영되는 분산형 암호화폐 거래소다. 거래의 안정성을 보장받을 수 있는 스마트 컨트랙트를 통해 거래가 이루어지며 암호화폐 지갑만 있으면 사용할 수 있다. 대표적인 거래소 플랫폼으로는 1인치 거래소1inch.exchange,** 유니스왑UniSwap(**CHAPTER 37** 참조),***

---

* 스왑('교환하다'는 뜻)은 일정 기간 동안 두 당사자가 서로 다른 자금 흐름을 서로 교환하기 위해 체결하는 계약이다.

** app.1inch.io

*** uniswap.exchange

스시스왑_{SushiSwap}* 등이 있다.

탈중앙화 파생금융 상품

파생금융 상품은 국제기준_{IFRS, International Financial Reporting Standards}(국제회계기준위원회에서 마련해 공표하는 회계기준)을 따르는 금융 상품으로 다음과 같은 특성이 있다.**

▸ 기초자산의 금리나 가격 변동에 따라 그 가치가 연동된다.

▸ 초기 투자금이 거의 들지 않는다.

▸ 기초자산을 미래 특정 시점에 특정 가격으로 사고파는 형태로 이루어진다.

이런 파생금융 상품은 매수자와 매도자의 계약으로 이루어지고 실제로든 이론적으로든 금융 기초자산의 가치 변동에 따라 가격이 결정된다. 기초자산에는 채권, 원자재, 통화, 금리, 주가지수, 주식이 모두 포함된다. 파생상품은 태생적으로 부차적인 성격을 띠는데 그 가치가 그와 관련된 기초자산에 연동되기 때문이다. 대표적인 파생금융 상품으로는 선물, 옵션, 스왑, 신주인수권(증자를 위해 신주가 발행되는 경우 우선적으로 인수를 청구할 수 있는 권리) 등이 있다.

스마트 컨트랙트를 이용해 중개 기관을 필요로 하지 않는 토큰화

● sushi.com

●● www.iasplus.com/en/standards/ifrs/ifrs9

된 주식도 있다. 이런 상품의 장점은 계약 당사자 간 합의가 프로그래밍을 통해 코딩되면 악의적인 공격 리스크가 현저하게 줄어든다는 것이다. 이런 흐름 덕분에 예전에는 중개업자나 전문지식 보유자만 독점하던 기회를 소액 주주들도 가질 수 있게 되었다.

탈중앙화 신탁 서비스

신탁이란 자연인 또는 법인이 재산의 소유권 또는 상속받은 유산의 권리를 가져와 제3자(수탁자)를 통해 최대 99년 동안 관리하도록 허용하는 민법상의 계약이다. 일례로 신탁 계약은 재산을 안전하게 운용하거나 관리하는 데 이용된다(관리신탁). 수탁자는 자연인(변호사) 또는 법인(신용기관 또는 투자회사, 포트폴리오 관리업체, 보험사)으로 신탁 기간 양도된 재산을 관리한다. 이런 신탁회사의 관리 업무는 신탁 계약에 상세하게 명시되며 관리에 소홀할 경우 책임을 져야 한다. 따라서 스마트 컨트랙트를 이용해 이런 조건을 명시하면 블록체인에서 탈중앙화 신탁을 생성할 수 있다. 또한 탈중앙화 신탁은 중개인이 없어도 서비스를 이용할 수 있다.

탈중앙화 결제

탈중앙화 결제는 은행에 방문하기가 어렵거나 은행이 없는 곳에 거주하는 사람들이 은행 서비스를 쉽게 이용할 수 있도록 개방형 금융 생태계를 조성하는 데 그 목적이 있다. 이런 탈중앙화 결제를 통해 스마트 컨트랙트로 구동되는 안전한 거래를 실행할 수 있다.

리퀘스트 네트워크

리퀘스트 네트워크는 ERC-20 토큰(REQ)을 이용해 손쉽게 결제와 거래 요청을 할 수 있는 일종의 디앱이다(**CHAPTER 37** 참조). 리퀘스트 네트워크에서의 결제 요청과 대금 수령은 3단계로 이루어진다.

1. 앨리스는 밥에게 블록체인에서 결제 요청을 한다.
2. 밥은 해당 요청을 수신하고 지급한다.
3. 지불 금액이 암호화폐로 앨리스에게 전송된다.

특히 디파이 서비스 시장은 2021년 큰 주목을 받았다. 디파이 정보 사이트 디파이펄스*에 따르면, 디파이 프로토콜 TVL~Total Value Locked~(총 예치자산)은 2020년 5월 말 10억 달러 미만이었던 데 반해, 2022년 1월 6일에는 1,018억 400만 달러로 증가했다. 현재 디파이 솔루션은 스마트 컨트랙트를 지원하는 대다수 블록체인에 구축되어 있지만, 그중에서도 이더리움이 가장 대표적인 블록체인으로 꼽힌다.

- defipulse.com

PART 5

NFT 기술 표준이
상상 이상의 미래를 만든다

5파트에서는 NFT를 보관하고 거래할 수 있는 다양한 전자지갑에 대해 다룬다. 이어 스마트 컨트랙트를 배포할 수 있는 대표적인 블록체인 네트워크인 이더리움의 표준 토큰들과 각 특징을 살펴본 다음, 마지막으로 이더리움 토큰 표준의 대안이 될 수 있는 다양한 블록체인에 대해 다룬다.

CHAPTER 32

전자지갑으로
NFT 거래하기

전자지갑은 사용자가 자신의 암호화폐(**CHAPTER 24** 참조)이자 코인을 실물 지갑에 유로를 보관하는 것과 동일한 방식으로 사용할 수 있는 디지털 지갑이다. 전자지갑을 통해 전체 은행 계정을 관리할 수 있고(사용자는 여러 개의 가상 ID를 가질 수 있다) 각 전자지갑을 통해 암호화폐별로 여러 금고에 접근할 수 있다. 각 금고에 대한 액세스는 공개 키와 개인 키로 구성된 한 쌍의 키를 통해 관리된다. 그러므로 전자지갑은 키 관리뿐만 아니라 각 분산원장(**CHAPTER 23** 참조)에 등록된 거래를 통해 코인을 교환할 수 있는 각 암호화폐에 연관된 여러 블록체인에 액세스하는 데도 필수적인 요소다. 그래서 이더리움 블록체인같이 스마트 컨트랙트(**CHAPTER 28** 참조)를 실행하는 블록체인에서 전자지갑은 계약과 관련된 작업에 서명하고 그에 따라 계약사항을 실행하는 데 사용된다. 실물 지갑과 달리 암호화폐 코인은 전자지갑에 저장되지 않고 각 암호화폐에 연결된 블록체인에 탈중앙화된 방식으로 저장된다. 따라서 전자지갑은 다음과 같은 서비스를 제공한다.

- 계정 잔액 및 거래 내역 조회
- 거래 실행: 결제하거나 제3자에게 송금을 하고 필요한 경우 반환된 금액을 수납할 수 있다. 이와 같은 거래 시 교환된 키의 존재 여부가 확인된다. 필요하다면 두 명 혹은 그 이상의 사용자가 공동으로 문서에 서명할 수 있도록 다중서명을 지원.
- 코인 보관 관리: 사용자가 암호화폐를 사용하고 수령할 수 있도록 여러 계정에 연관된 여러 개의 공개 키와 개인 키 관리(CHAPTER 25 참조).
- 계정의 새로운 키 생성

따라서 모든 암호화폐 사용자는 이런 형태의 전자지갑을 사용한다. 비밀 키는 매우 민감한 정보이기 때문에 적절한 방식으로 보안을 실행해야 한다. 따라서 전자지갑은 다음 세 가지 기능이 동시에 작동해야 한다.

1. 가용성: 언제든 화폐를 사용할 수 있어야 한다.
2. 보안: 개인 키 저장에 관련된 보안(암호화된 파일) 이외에도, ID 도용을 방지할 수 있어야 한다.
3. 사용 편의성: 전자지갑의 인터페이스는 초보자를 포함해 모든 이가 효율적이고

안전하게 사용할 수 있도록 충분히 직관적이어야 한다.

이 세 가지 기능은 각자가 선택한 전자지갑 형태에 따라 조금씩 차이가 있다. 실제로 전자지갑은 다음과 같이 여러 형태로 제공된다.

하드웨어 형태

하드웨어 전자지갑(USB 등)의 유일한 목적은 암호화폐의 보안이다. 이런 형태의 전자지갑을 사용하려면 우선 컴퓨터에 연결해야 한다. 하드웨어 전자지갑은 보안 프로세서TPM에서 아이디어를 냈으며 이후 임베디드 컴퓨팅 주요 업체에서 관련 제품을 선보이면서 발전했다.[●] 모든 하드웨어 전자지갑은 실행된 연산의 하드웨어 인증을 통해 신뢰도를 측정할 수 있는 최신 임베디드 시스템을 기반으로 한다. 이런 장치는 컴퓨터가 바이러스에 감염되었거나 해커에게 공격을 당했을 때 안전한 오프라인 환경을 제공하면서 온라인상에 있는 취약한 장치로부터 개인 키를 보호해 매우 높은 수준의 보안을 제공한다. 이 때문에 이런 지갑을 콜드 월렛Cold Wallet이라 부르기도 한다. 개인 키의 보안을 위해서는 하드웨어 전자지갑의 사용이 권장된다. 다만 하드웨어 전자지갑은 무료로 사용할 수 없다는 단점이 있다.

● TPM(Trusted Platform Module)은 자율적으로 몇몇 암호론 원천문제(암호화, 복호화, 해싱, 서명 등)를 수행할 수 있는 암호화 프로세서라 할 수 있다. 이 모듈은 현재 대부분의 컴퓨터와 휴대폰에 적용된다. 실제로 TPM은 간섭에 저항하고 물리적 공격에 대한 여러 방어 장치를 갖춘 하드웨어 실드를 통해 물리적으로 보호된다(스마트 카드에서 실행되는 방식과 유사하다).

디지털 형태

컴퓨터, 태블릿, 또는 휴대폰에 다운로드해 하드드라이브에 설치할 수 있는 소프트웨어나 애플리케이션 형태의 전자지갑이다. 개인 키가 로컬에 저장되기 때문에 키 보안에 각별히 신경 써야 한다.

클라우드 형태

웹 포털과 가상 트레이딩룸을 통한 온라인 서비스 형태로 모든 단말기(컴퓨터, 휴대폰, 태블릿)에서 사용가능한 단순한 인터페이스를 제공해 암호화폐에 접근할 수 있다. 이 방식의 치명적인 단점은 개인 키가 서비스 제공업체의 자체 서버에 저장되어 보관된다는 것이다. 이 때문에 이런 유형의 지갑을 핫 월렛Hot Wallet이라고도 부른다.

어떤 형태의 전자지갑이든 지갑에 포함된 키를 잃어버려서는 안 된다. 따라서 보안화된 백업 매체에 키를 복사해놓는 것이 좋다. 예를 들어 비트코인 비밀 키가 분실되면 비밀 키가 저장되었던 장치의 분실이나 파손 여부에 상관없이 키를 복구할 방법이 없으므로 지갑에 있는 코인을 전부 잃게 된다. 실제로 2009년 제임스 하웰스James Hawells라는 영국 청년이 채굴한 비트코인 7,500개가 들어 있는 노트북 하드웨어를 실수로 쓰레기통에 버린 사건도 있었다.

2018년 암호화폐 분석회사 체이널리시스는 최종 채굴될 비트코인 2,100만 개 중 300~400만 개는 이미 분실되었을 것이라고 추정했다. 그러므로 암호화폐를 사용하려면 안전한 이중 백업 시스템을 마련하는 것이 좋다.

유형	키 저장	보안	지갑명	장비	모바일 버전
하드웨어	로컬 (오프라인)	+++	Ledger Nano S(ledgerwallet.com) KeepKey(keepkey.com) Trezor(trezor.io)	27 7 8	n/a n/a n/a
소프트웨어	로컬	+	Bither(bither.net) Coplay(copay.io) Electrum(electrum.org) Exodus(exodus.io) Jaxx(jaxx.io)	1 150 1 30 60	✓ ✓ ✓(안드로이드) X ✓
클라우드	온라인	-	Blockchain.info(blockchain.info) Coinbase(coinbase.com) Kraken(kraken.com) Bittrex(bittrex.com)	2 3 1 190	n/a n/a n/a n/a

표 32.1 이용 가능한 주요 전자지갑 목록. 각 시스템 별 지원 암호화폐 수   (n/a: 해당 안 됨)

계층 결정적 지갑

계층 결정적 지갑Hierarchical Deterministic Wallet(이하 HD 지갑)은 마스터 시드로부터 개인 키를 계층적으로 생성하고 관리함으로써 하나의 지갑으로 여러 화폐 및 주소를 관리할 수 있는 지갑이다. 이를 통해 특정 계정에서 이루어지는 각 거래에 새로운 주소를 쉽게 생성할 수 있다. HD 지갑은 타원곡선 함수의 특성을 이용한다. 즉 256비트 키를 계층적으로 생성하려면 SHA-3과 같은 512비트 암호화 해시함수를 사용해야 한다.

웹 포털 및 온라인 서비스로 제공되는 전자지갑

전자지갑 사용자에게 가장 중요한 것은 암호화폐에 관련된 비밀 키의 보관이다. 코인베이스Coinbase, 크라켄kraken 또는 비트렉스Bittrex 같은 사이트에서는 암호화폐 관리를 비롯해 구매와 판매를 할 수 있는 온라인 서비스를 제공할 뿐만 아니라 전자지갑 비밀 키를 플랫폼에 저장하는 서비스를 제공한다.

이런 관리방식의 장점은 비밀번호를 알고 로그인을 하면 온라인 지갑 서비스 제공업체에 저장된 코인 전체에 접근할 수 있으며 유로나 달러로 쉽게 교환할 수 있다는 것이다. 암호화폐에 연결된 키가 없으면 온라인 서비스가 실제로 자신의 코인을 소유하고 있는지, 코인을 사용하지 않았는데도 계정에는 사용한 것으로 기록된 것은 아닌지 여부를 알 수 없다. 이런 서비스의 중대한 단점은 개인 키가 플랫폼에 저장되어 있다는 것이다. 이런 사이트에서는 자신이 보유한 코인이 자신도 모르게 사용될 수 있다. 실제로 2014년 세계 최대 블록체인 거래소 마운트곡스MTGOX는 해킹으로 약 85만 개의 비트코인을 분실하면서 파산했고 2017년 플렉스코인PlexCoin은 ICO를 통해 1,500만 달러의 자금을 모집했으나 후에 사기인 것으로 밝혀졌다. 이 뿐만이 아니다. 프로디움Prodeum이라는 스타트업은 2018년 ICO를 실시하고 600만 달러의 자금을 모집했으나 얼마 후 홀연히 자취를 감추었다.

암호화폐의 '하드포크'가 이루어질 때도 유사한 리스크가 발생할 수 있다(비트코인에서 비트코인 캐시가 분할(하드포크)되었을 때처럼). 실제로 제일 처음 보관한 암호화폐의 모든 계정이 새로운 암호화폐로 즉시 복사되기 때문에 처음 계정에서처럼 코인이 빠져나갈 수 있다. 이렇게 되면 자신의 개인 키에 액세스할 수 없는 전자지갑 사용자는 처음 가졌던 코인을 보유할 수는 있지만 온라인에서 어떤 방법으로도 새로운 암호화폐를 되찾을 수 없다. 그러나 〈표 32.1〉에서 볼 수 있듯이 온라인 서비스를 보다 안전하고 편리하게 사용할 수 있는 여러 형태(소프트웨어, 하드웨어, 클라우드)의 전자지갑이 존재하니 필요에 따라 선택해서 사용하면 된다.

비트코인이 저장된 하드 디스크를 잃어버린 제임스 하웰스

2013년, 제임스 하웰스라는 한 영국 청년은 자신의 책상을 청소하다가 노트북에 사용했던 하드디스크를 쓰레기통에 버렸다. 그런데 그 안에는 자신이 2009년에 채굴한 7,500개의 비트코인에 접근할 수 있는 전자지갑 개인 키가 담겨 있었다. 현재 시세로 보면 이 하드 디스크의 가치는 수억 유로에 달할 것이다. 이 일은 비트코인 초보 사용자가 겪을 수 있는 최악의 에피소드로 남게 되었다.

CHAPTER 33

NFT를 만들 때
주의할 점

　새로운 NFT를 관리하기 위해 새로운 스마트 컨트랙트를 구현하려면 다양한 표준을 따라야 한다. 일례로 이더리움 블록체인의 경우에는 ERC-721(**CHAPTER 35** 참조) 표준을 따른다. 이런 표준은 새로운 토큰 형식과 생태계(마켓플레이스나 다른 토큰)의 다양한 요소 간에 상호 운용성을 관리한다. 그러나 이런 표준은 대개 토큰 발행 프로세스에는 적용되지 않는다(**CHAPTER 07** 참조).

　새로운 NFT를 생성하려면 블록체인에 새로운 스마트 컨트랙트를 구현해야 한다. 이런 스마트 컨트랙트의 구현은 코드 작성을 통해 직접 실행할 수도 있고 계약 코드를 작성하는 제3자를 통해 실행할 수도 있다. 이렇게 스마트 컨트랙트가 구현되고 나면 거래에 서명하고 거래 수수료를 지불하기만 하면 된다.

NFT를 관리하기 위한 스마트 컨트랙트 구현

스마트 컨트랙트(CHAPTER 28 참조)를 코딩하려면 선택한 블록체인에서 사용하는 프로그래밍 언어는 물론이고 해당 블록체인의 구조적 특성과 규정을 숙지하고 있어야 한다. 이 까다로운 단계를 지나 새로운 NFT 생성에 필요한 계약 코드를 직접 작성한다면 새로운 토큰과 계약에 필요한 기능을 매우 정확하게 일치시킬 수 있다.

스마트 컨트랙트를 프로그래밍하기 위해서는 먼저 새로운 NFT를 호스팅할 블록체인을 선택해야 한다. NFT 관리를 위한 스마트 컨트랙트를 구현할 수 있는 기술은 매우 다양하다. 이더리움이 가장 널리 쓰이고는 있지만 다른 블록체인도 존재하므로 각 기술의 장단점을 고려해 선택하면 된다.

이더리움을 선택한다면 가장 발전된 블록체인 생태계에서 새로운 NFT 계약을 구현할 수 있다. 따라서 오픈시(CHAPTER 18 참조)처럼 이미 구축된 디앱을 이용해 NFT를 직접 판매하거나 경매에 붙일 수 있고, NFT 트레이더를 이용해 다른 NFT와 교환할 수도 있다. 새로운 NFT는 디센트럴랜드와 같이 이미 사용되고 있는 다른 NFT와 상호작용해 가상으로 NFT 토지를 구매하거나 다른 NFT를 액세서리처럼 사용할 수 있고(새로운 NFT가 크립토키티를 채택하는 경우, CHAPTER 08 참조), 또는 그 자체로 액세서리가 될 수 있다. 마지막으로 이더리움 생태계는 IPFS(**CHAPTER 29** 참조)를 사용하기 때문에 IPFS에 이미지나 동영상 등의 미디어를 저장해 새롭게 생성된 NFT 이미지를 공유할 수도 있다. 기술적인 측면에서 이더리움은 NFT를 구현하기 위한 표준 컨트랙트를 제공한다. 대표적인 이더리움 NFT 표준 컨트랙트는 ERC-721, ERC-1155가 있다. 여기서는 솔리디티 언어를 사용한 가장 간단한 예시를 살펴보자.

이더리움의 대항마로 여겨지는 테조스(**CHAPTER 37** 참조)는 활용성이 높고 오픈시 플랫폼으로 통합되어 있다. 이더리움과 비교할 때 테조스의 가장 큰 장점은 스마트 컨트랙트의 구현, 새로운 토큰의 생성, 또는 해당 토큰과의 거래 등 상호작용을 할 때 수수료가 저렴하다는 점이다.

테조스의 또 다른 장점은 FA2 표준(이더리움의 ERC-721 표준에 해당)에 근거해 지분증명으로 운영된다는 점이다. 테조스에서 스마트 컨트랙트를 구현하려면 테조스가 자체적으로 특별 고안한 미켈슨Michelson 프로그래밍 언어를 습득해야 한다.

제3자를 통한 새로운 NFT 계약

제3자를 통해 새로운 스마트 컨트랙트를 구현하면 스마트 컨트랙트에 대한 개발 지식이 없어도 빠르게 계약을 구현할 수 있다. 이런

그림 33.1 라리블 ERC-1155 계약 생성 버튼

방식의 스마트 컨트랙트는 테스트와 검증을 거치기 때문에 작동 오류나 보안에 관련된 리스크가 매우 낮다. 이 프로세스는 매우 간단해서 대개 클릭 몇 번으로 전자지갑(**CHAPTER 32** 참조)을 이용해 거래에 서명할 수 있다. 그러나 치명적인 단점이 있다. 바로 계약의 사용자 정의가 크게 제한되고 따라서 토큰 생성(**CHAPTER 07** 참조)이나 다른 계약과의 상호작용에 있어 고급 연산을 실행할 수 없다는 것이다.

제3자를 통한 스마트 컨트랙트 구현 서비스는 라리블에서 가능하다. 이 플랫폼에서는 이더리움 ERC-721 표준에 의거해 새로운 스마트 컨트랙트를 구현할 수 있다. 이 사이트는 매우 직관적으로 구성되어 있으며 〈그림 33.1〉처럼 새로운 계약 구현을 지원하고 최대한 단순한 구성을 제안한다.

새로운 NFT는 이미지, 이름, 토큰 심볼, 토큰에 대한 설명을 통해 특성을 나타낸다. 그러나 라리블에서는 민팅 프로세스가 이미 규정되어 있기 때문에 새로운 토큰에 특성을 부여할 수 있는 선택의 폭이 매우 좁다. 그래서 새로운 토큰을 발행하려면 이미 정해진 기본 양식

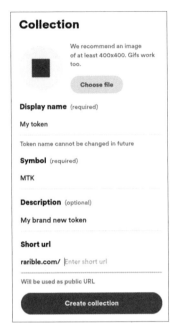

그림 33.2 라리블 ERC-1155 기반 스마트 컨트랙트 구현 양식(왼쪽)과 라리블 ERC-1155 기반 스마트 컨트랙트 거래 서명(오른쪽)

에 따라야 한다. 이렇게 토큰 생성 프로세스가 표준화되어 있지 않고 (CHAPTER 07 참조) 토큰 생성에 허용된 창의성이 통제된다는 점은 라리블의 한계라 할 수 있다.

구성이 완료되면 실질적으로 이더리움 블록체인에 계약을 구현해야 한다. 이를 위해 라리블은 필요한 거래를 생성하고 사용자는 자신의 전자지갑으로 서명해야 한다. 또한 〈그림 33.2〉에 제시된 것처럼 거래 수수료를 내야 한다.

CHAPTER 34

대체 가능 토큰의 기본 개념 ERC-20

ERC-20은 2015년 11월 19일, 파비안 보겔스텔러_{Fabian Vogelsteller}와 비탈릭 부테린(**CHAPTER 29** 참조)이 제안한 이더리움 기반 토큰 표준이다. 파비안 보겔스텔러는 이더리움 스마트 컨트랙트(**CHAPTER 28** 참조)를 이용할 수 있는 디앱 개발로 널리 알려진 IT 개발자이다. 그는 이더리움에서 디앱을 사용할 수 있는 브라우저인 미스트 브라우저_{Mist Browser}를 개발했을 뿐만 아니라 최초의 이더리움 전자지갑 개발에 참여했고 웹사이트와 블록체인의 상호작용에 널리 쓰이고 있는 자바스크립트(Web3.js) 라이브러리를 개발하기도 했다.

ERC-20은 대체 가능한 이더리움 표준 토큰에 부여된 이름이기도 하지만 이더리움 네트워크에서 새로운 대체 가능 토큰(**CHAPTER 01** 참

> ## ERC 표준이란
>
> ERCEthereum Request for Comment는 이더리움 네트워크에서 사용되는 스마트 컨트
> 랙트(**CHAPTER 28** 참조) 기술 표준이다. 인터넷 기술 규정을 표준화한 문서인
> RFC에서 착안한 ERC는 스마트 컨트랙트를 개발할 때 준수해야 하는 규정과
> 규약 목록을 제공한다. ERC는 구현 방법이나 프로토콜 관련 사양 목록을 제공
> 하기도 한다. ERC는 이더리움 커뮤니티의 검토 및 의견 과정을 거쳐 승인된다.

조)을 생성하기 위해 실행해야 하는 사항을 정의한 표준이기도 하다.
따라서 이더리움 블록체인을 기반으로 ERC-20 표준에 정의된 방식
에 따라 거래를 할 수 있는 대체 가능 토큰을 생성할 수 있다. 거래 검
증은 이더리움 블록체인의 블록 검증으로 이루어지지만 이 블록은
새로운 ERC-20 토큰이 아닌 이더(**CHAPTER 29** 참조)를 생성한다. 채
굴을 통해 새로운 ERC-20 토큰을 생성할 수는 없다. 따라서 토큰이
생성되는 방식에는 제한이 없고 ERC-20 표준을 구현하는 스마트 컨
트랙트를 통해 규정하기만 하면 된다. 예를 들어, 스마트 컨트랙트를
생성할 때 통용되는 최대 토큰의 수를 정할 수 있다. 또한 블록 n이 생
성될 때마다 토큰이 생성되는 메커니즘을 만들 수도 있고 발행된 토
큰을 단계적으로 폐기하는 시스템을 만들 수도 있다.

　개발자는 인터페이스를 통해 네트워크 상에 있는 모든 종류의 토
큰을 같은 방식으로 사용할 수 있다. 이를 위해 ERC-20이라는 표준

을 정해두었다. ERC-20 표준은 이더리움 블록체인 기반으로 거래를 할 수 있는 토큰을 생성하는 방법을 정의한 것이다. 이 표준을 따르면 다른 스마트 컨트랙트, 지갑, 플랫폼, 디앱 등을 통해 ERC-20 계약을 사용할 수 있다. 표준에는 토큰의 이름Name, 심벌Symbol, 소수점Decimal 등의 특성을 나타내는 함수 이외에 의무적으로 실행해야 하는 여섯 가지 함수를 다음과 같이 규정하고 있다.

▶ 스마트 컨트랙트로 발행한 총 토큰 발행량을 알 수 있는 토털서플라이TotalSupply.

▶ 사용자 또는 특정 스마트 컨트랙트가 보유하고 있는 토큰 수를 알 수 있는 밸런스오브BalanceOf.

▶ 토큰 소유자만 사용할 수 있으며, 특정한 양의 토큰 소유권을 다른 사용자 또는 다른 스마트 컨트랙트에 전송할 수 있는 트랜스퍼Transfer.

▶ 토큰 소유자만 사용할 수 있으며 사용자나 스마트 컨트랙트가 특정한 양의 토큰을 차후에 전송할 수 있도록 허용하는 어프로브Approve.

▶ 사용자나 스마트 컨트랙트가 현 소유자를 대리해 전송 허가를 받은 토큰의 개수를 알 수 있는 얼라원스Allowance.

▶ 이전에 소유자가 전송을 승인했던 토큰을 전송하는 트랜스퍼프롬TransferFrom.

이에 더해 두 개의 이벤트(CHAPTER 28 참조), 트랜스퍼Transfer(토큰 이전 시 발생)와 어프로벌Approval(토큰 이전 승인 시 발생)이 표준으로 정의되어 있다. 이벤트는 토큰이 한 사용자에게서 다른 사용자에게로 전송될 때뿐만 아니라, 토큰 전송에 대한 승인이 이루어지거나 변경되었을 때도 발생한다.

또한 ERC-20 표준은 생성된 암호화폐를 명확하게 규정할 수 있는 여러 선택적 함수를 제공한다.

- ▶ 토큰에 이름을 부여할 수 있는 네임Name: 동일한 이더리움 네트워크에서 같은 이름을 가진 여러 암호화폐를 발견할 수 있다.
- ▶ 주어진 이름에 해당하는 심벌을 부여하는 심벌Symbol: 같은 이더리움 네트워크에서 동일한 심벌을 가진 여러 암호화폐를 발견할 수 있다.
- ▶ 생성된 암호화폐의 기본 단위에 맞는 배수를 지정하는 디사이멀Decimal: 계약은 토큰 한 개와 같이 가능한 가장 작은 단위만을 처리한다. 숫자가 나뉠 수 있는 단위로 표현될 경우, 토큰과 표시된 숫자 간에 변환을 쉽게 할 소수의 자릿수를 정할 수 있다.

그렇지만 각 토큰의 형식에 따라 함수 내용은 달라질 수 있다. 계약에 따라 검증을 포함한 동일한 함수를 사용하면 액션을 실행하면서 거래 수수료가 부과될 수 있다. 새로운 토큰은 ERC-20 인터페이스에서 정의한 함수 이외에 추가 함수를 정의할 수 있다. 예를 들어 ERC-20 토큰은 실제로는 전송을 실행하지 않는 토큰 전송 함수를 정의할 수 있다. 또한 ERC-20 표준은 함수를 완벽하게 구현할 수 있을 뿐만 아니라 소유자의 승인 없이 토큰을 전송할 수 있는 함수를 추가할 수도 있다. 그래서 ERC-20 표준은 보안이 아닌 상호 운용성에 중점을 둔 표준이라고 할 수 있다. ERC-20 계약의 구현 방식을 보여주는 많은 소스코드가 웹에 게시되어 있다. 보다 상세한 예시와 설명이 필요하다면 이더리움 공식 사이트를 참조하면 된다.

진화하는 이더리움 표준

스마트 컨트랙트와 상호작용하는 대체 가능 토큰을 위한 표준은 계속 진화하고 있다.

ERC-223

ERC-223 표준은 개발자 덱살란Dexaran이 스마트 컨트랙트로 토큰을 전송할 때 주소를 잘못 넣어 토큰을 분실할 수 있는 위험을 제거하기 위해 만든 표준이다. 실제로 권장되지 않은 함수를 실행할 때, 즉 어프로브와 트랜스퍼프롬 함수가 아니라 트랜스퍼transfer 함수를 실행하면 수신자의 계약에서 해당 토큰을 지원하지 않는데도 거래가 이루어진 것으로 간주하여 블록체인에 등록된다. 그러나 스마트 컨트랙트 자체는 이 거래를 인지하지 못하므로 이 거래는 인정되지 않는다.

예컨대 토큰이 이런 방식으로 탈중앙화 거래소DEX(**CHAPTER 31** 참조) 계약으로 전송되면 토큰을 전송받은 계약이 토큰을 지원하지 않기 때문에 토큰은 전송되었지만 발행자의 잔액에는 표시되지 않는 상황이 발생할 수 있다. 또한 해당 계약이 토큰의 긴급인출 기능을 구현해

놓지 않았다면, 전송한 토큰은 반환되지 않고 유실된다.

이와 같은 문제를 해결하기 위해 제안된 표준이 ERC-223 표준이다. 예를 들어, 해당 표준이 적용됐다면 한 계약으로 이더를 전송했으나 이 계약이 이더 수신을 지원하지 않으면 수신자로 설정된 계약은 거래를 거절하고 토큰은 전송되지 않는다. 사용자에게 혼돈을 주지 않기 위해 ERC-223 표준은 다음과 같이 단 하나의 전송 기능만을 제공한다.

```
function transfer(address _to, uint _value, bytes calldata _data) returns(bool)
```

반대로 이 주소가 스마트 컨트랙트 주소인 경우 트랜스퍼 함수는 수신자의 계약에서 토큰폴백TokenFallback 함수를 호출해 사용되지 않은 토큰을 회수할 수 있다. 물론 가스비는 부과되지만 사용자의 토큰은 유실되지 않는다. 토큰폴백 함수가 존재하지 않으면 거래는 실패로 돌아간다. 따라서 호환되지 않는 토큰은 거래가 거절된다.

ERC-223 표준의 또 다른 장점은 가스비가 절감된다는 것이다. 토큰을 전송할 때 두 개의 함수(approve+transferFrom)를 호출해야 하는 ERC-20에 비해 ERC-223은 단 한 개의 함수만을 필요로 하기 때문에 가스비를 줄일 수 있다. ERC-223은 아직 제안 단계에 있다. 퓨즈 네트워크, 체인링크(다양한 방법으로 수집되는 실시간 데이터를 스마트 컨트랙트에 구현하는 탈중앙화 오라클 네트워크) 같은 일부 프로젝트에서만 ERC-223을 구현하기로 결정한 상태다.

ERC-777

ERC-777 표준은 ERC-20 표준을 개선한 토큰 표준으로, 스마트 컨트랙트와 일반 계정에서 구현된 기능을 실행시키는 기능을 제공한다. ERC-777 표준은 ERC-1820 표준을 기반으로 하고 있으며, ERC-165 같은 예전 표준과의 역호환성을 보장하기도 한다. 또한 ERC-223 표준처럼 스마트 컨트랙트로 토큰을 전송할 때 발생할 수 있는 유실 가능성을 차단하는 기능도 포함되어 있다. 그 외에도 새로운 기능을 제공하는데 예를 들어, 어소러라이즈 오퍼레이터 AuthorizeOperator(어프로브 대체), 센드Send(트랜스퍼 대체), 이벤트 발생 시 토큰 수신자가 정해진 코드를 자동으로 실행할 수 있는 토큰리시브 TokenReceived(토큰폴백 대체) 등이 있다. 이에 더해 ERC-1820에서 제안된 레지스트리 표준을 통해 수신된 토큰의 거래 이력을 알 수 있는 새로운 기능 역시 추가되었다. 이 기능은 수신된 토큰을 반환해야 하는 경우에 특히 유용하다. 마지막으로 ERC-777 표준은 보안이 완벽한 상태에서 전송이 실행되는 스마트 컨트랙트 목록을 정의할 수 있는 화이트 리스트 개념을 도입했다.

CHAPTER 35

이더리움 NFT의
ERC-721 표준

ERC-721 표준은 2018년 1월 24일, 윌리엄 엔트리켄_{William Entriken}, 디터 셜리_{Dieter Shirley}, 제이콥 에반스_{Jacob Evans}, 나스타냐 색스_{Nastassia Sachs}가 제안한 표준이다. ERC-721 표준은 이더리움 대체 불가능 토큰에 부여된 이름이기도 하지만 동시에 새로운 대체 불가능 토큰(**CHAPTER 01** 참조)을 네트워크에서 생성할 때 실행해야 하는 사항을 정의한 표준이기도 하다. 따라서 이 표준을 통해 새로운 NFT를 생성할 수 있고 이렇게 생성된 NFT는 ERC-721 표준에 따라 정의된 일련의 함수에 따라 거래될 수 있다. ERC-20과 근본적으로 다른 점은 ERC-721로 발행되는 토큰은 모두 각각의 식별자를 갖고 있다는 것이다.

ERC-20 토큰(**CHAPTER 34** 참조)과 마찬가지로 ERC-721 토큰 거래

는 이더리움 블록체인(**CHAPTER 29** 참조)에서 지원된다. 이 표준은 토큰이 교환되는 방식과 그에 관련된 이벤트를 정의한다. 그렇지만 토큰 생성 프로세스(**CHAPTER 07** 참조)에는 어떤 제약도 없으며 해당 토큰의 특성에 따라 스마트 컨트랙트를 통해 정의된다.

NFT는 각 토큰이 고유성을 띄고 있고 수량으로 거래하는 것이 아니라 고유한 식별자를 통해 한정된 토큰만 거래할 수 있다는 점에서 ERC-20 표준과는 다르다. ERC-721 표준은 새로운 NFT 토큰 생성에 필요한 네 가지 함수의 집합이라 볼 수 있다. 첫 번째 인터페이스 ERC-721은 새로운 ERC-721 토큰 생성에 필수적인 전체 함수를 정의한다. 두 번째 함수 ERC-721T 토큰리시버_{TokenReceiver}는 ERC-721 토큰이 전송될 때 알림을 받고 토큰의 수신을 확인하는 계약을 위해 구현된다. 마지막으로 두 개의 함수 ERC-721 메타데이터_{Metadata}와 ERC-721 이너머러블_{Enumerable}는 생성된 토큰의 형식을 결정하는 함수를 제공한다. 그러므로 새로운 ERC-721 토큰을 생성하기 위해 개발자는 ERC-721 함수에 명시된 다음과 같은 함수를 실행해야 한다.

▸ 사용자 또는 특정 계약이 보유한 토큰 수를 알 수 있는 밸런스오브 함수. ERC-20의 함수를 적용한다.

▸ 아이디에 근거해 토큰 소유자의 지갑 주소를 알 수 있는 오너오브_{OwnerOf} 함수.

▸ 전자지갑 소유자의 지갑에서 다른 지갑이나 계약으로 고유한 토큰을 전송하는 세이프트랜스퍼프롬_{SafeTransferFrom} 함수. 이 함수는 토큰 소유자만 호출할 수 있다. 또한 스마트 컨트랙트로 토큰을 전송할 경우 일종의 영수증을 요구해 토큰

ERC-165, 표준 인터페이스 감지

ERC-165 표준은 스마트 컨트랙트가 구현한 인터페이스를 확인하는 표준이다. 이 표준을 따르면, 어떤 사용자나 스마트 컨트랙트라 하더라도 해당 컨트랙트가 구현한 인터페이스를 확인할 수 있다. ERC-721과 같은 표준은 ERC-165를 기반으로 하여 인터페이스를 구현하며, 이를 통해 표준 인터페이스 구현 여부를 파악할 수 있다.

이 유실되지 않도록 한다. 영수증은 함수 매개변수로 명시될 수 있다.

▶ 고유한 토큰을 전송할 수 있지만 앞서 살펴본 함수와는 다르게 스마트 컨트랙트로의 전송 시 영수증을 요구하지 않는 트랜스퍼프롬 함수. 이 경우 수신자 측 스마트 컨트랙트는 알림을 받지 않으며 토큰을 보유하고 있다는 것을 인식하지 못한다. 영수증을 요구하지 않기 때문에 앞선 함수보다 거래 수수료는 더 저렴하다. 이 함수 역시 토큰 소유자만 호출할 수 있다.

▶ 사용자나 스마트 컨트랙트가 추후에 고유한 토큰을 전송할 수 있도록 승인하는 어프로브 함수. ERC-20에서 아이디어를 구했으며 토큰 소유자만이 호출할 수 있다.

▶ 어프로브 함수와 동일한 기능을 제공하지만 사용자의 토큰 전체에 실행할 수 있는 셋어프로벌포얼SetApprovalForAll 함수. 이렇게 승인된 사용자나 스마트 컨트랙트는 위에서 언급한 전송 함수 중 하나를 통해서만 토큰별로 전송을 실행할 수 있다.

▶ ERC-20의 얼라원스 함수에서 아이디어를 얻었으며 사용자 또는 스마트 컨트랙트가 다른 사용자를 대리해 토큰을 전송할 수 있는 권한이 있는지를 알려주는 겟어프로브드_{getApproved}와 이즈어프로브드포얼_{isApprovedForAll} 함수.

또한 ERC-721 표준에는 ERC-20 표준을 그대로 사용하는 세 가지 이벤트 트랜스퍼, 어프로브, 어프로브포얼이 정의되어 있다. 이 이벤트는 다량의 토큰이 한 이용자로부터 다른 이용자에게 전송될 때뿐만 아니라 토큰의 전송을 위한 권한이 부여되거나 수정될 때 실행된다.

스마트 컨트랙트가 전송에 대한 수신 확인을 할 수 있으려면 두 번째 인터페이스, ERC-721 토큰리시버를 구현해야 한다. 이 인터페이스는 단 하나의 함수 '온ERC-721리시브드_{onERC-721Received}'만을 정의하는데,• 이 함수를 통해 스마트 컨트랙트가 NFT를 수신할 때 NFT 발신자와 고유한 식별자를 알 수 있다. 제약이 없는 매개변수는 계약에 필요한 다른 데이터를 전송할 수 있게 해주기 때문에 토큰을 판매할 목적으로 토큰이 전송되는 경우 가격을 함께 전송할 수 있다. 거래가 무효화되는 경우 이 함수는 영수증을 반환한다.

또한 ERC-721 표준은 생성된 토큰을 상세하게 설명해주는 선택

• onERC-721Received 함수란 ERC-721 표준에서 정의된 함수로, 토큰이 전송될 때 호출되는 함수를 의미한다. 토큰 수신자가 이 함수를 구현하면, 토큰 전송 시 특정 동작을 수행할 수 있다. 예를 들어, 이 함수를 통해 토큰 수신자가 전송받은 토큰을 확인하고, 토큰을 전송할 때 추가적인 액션을 수행할 수 있다.

토큰 전송 예시

밥이 자신의 전자지갑에서 앨리스의 전자지갑으로 ERC-721 토큰을 전송한다면, 토큰의 식별자를 매개변수로 지정해 트랜스퍼프롬 함수를 호출해야 한다. 밥이 토큰을 경매에 내놓기 위해 스마트 컨트랙트로 고유한 토큰을 전송한다면, 세이프트랜스퍼프롬 함수를 호출해야 한다. 그때 경매용 스마트 컨트랙트는 인터페이스 ERC-721 토큰리시버를 구현하고, 전송될 때 온ERC리시브드 함수가 호출된다. 그래서 스마트 컨트랙트는 이 호출을 이용해 이 NFT를 전송한 사람이 밥이며 경매를 개시할 권한이 있는 사람 역시 밥이라는 것을 업데이트하고 기록한다. 업데이트가 실행되면 스마트 컨트랙트는 토큰이 업데이트 되었고 수신한 NFT를 관리할 준비가 되었음을 승인하기 위해 수신을 통지한다. 온ERC721리시브드onERC721Received를 호출할 때, 밥이 NFT를 보낼 때 수신자로 입력한 스마트 컨트랙트 주소가 잘못된 주소일 수 있다. 이 경우 잘못된 영수증이 수신되거나 영수증이 아예 존재하지 않게 된다. 그러면 세이프트랜스퍼롬safeTransferFrom 함수는 거래를 취소하고 NFT는 전송되지 않은 상태로 밥의 전자지갑에 그대로 남는다.

적 인터페이스 ERC-721 메타데이터를 추가로 정의한다. ERC-721 표준을 따르는 토큰은 스마트 컨트랙트에서 이름과 심벌을 설정하는 두 개의 함수를 이용해 토큰의 이름과 심벌을 자유롭게 설정할 수 있다.이때 토큰의 이름이나 심벌은 자유롭게 설정할 수 있기 때문에 이더리움 블록체인 내에 스마트 컨트랙트 주소는 다르지만 이름과 심벌이 동일한 토큰이 존재할 수 있다. 토큰 URITokenURI 함수는 JSON 파일을 통해 새로운 토큰에 대해 자세한 설명을 제공하는 URL을 지정할 수 있게 해준다. JSON 파일에 포함된 데이터는 탈중앙화 레지스트리에 기록되지 않으며 검증도, 이력 추적도 없이 업데이트될 수 있다.

마지막으로 선택적 인터페이스 ERC-721 Enumerable는 토큰의 탐색을 가능하게 해준다. 이 인터페이스가 없으면 토큰의 고유한 식별자가 특정한 명령을 따르지 않기 때문에 스마트 컨트랙트에서 발행된 토큰의 전체 목록을 알 수 없다. 이 인터페이스는 고유 식별자와 반복 실행할 수 있는 인덱스를 대응시킨다. 이 인터페이스에서는 다음과 같은 함수를 구현해야 한다.

▶ 스마트 컨트랙트에서 발행한 총 토큰 개수를 알 수 있는 토털서플라이TotalSupply 함수.

▶ 발행된 총 토큰 개수를 통해 인덱스에서 토큰의 고유 식별자를 알 수 있는 토큰바이인덱스TokenByIndex 함수.

▶ 특정 사용자의 토큰 계정을 통해 인덱스에서 토큰의 고유 식별자를 알 수 있는 토큰오브오너바이인덱스TokenOfOwnerByIndex 함수.

발행된 토큰을 전부 조회하려면

스마트 컨트랙트를 통해 발행된 모든 토큰을 리스팅 하려면 0에서부터 토털 서플라이 함수의 결과까지 모든 인덱스를 반복해 실행 후, 토큰이 고유한 식별 자를 알 수 있는 토큰바이인덱스 함수를 호출해야 한다. 특정 사용자의 토큰으로 리스트를 제한하려면 0에서부터 밸런스오브 함수의 결과까지 모든 인덱스를 반복 실행 후, 토큰의 고유한 식별자를 알 수 있는 토큰오브오너바이인덱스 tokenOfOwnerByIndex 함수를 호출해야 한다.

CHAPTER 36

하이브리드 토큰
ERC-1155

ERC-1155 표준은 비텍 라돔스키Witek Radomski, 앤드루 쿡Andrew Cooke, 필립 캐스톤과이Philippe Castonguay, 제임스 테리언James Therien, 에릭 비넷Eric Binet, 로넌 샌포드Ronan Sandford가 2018년 6월 17일 제안한 표준이다. ERC-1155는 이더리움 네트워크에서 구동하는 대체 가능 토큰 또는 대체 불가능 토큰(**CHAPTER 01** 참조)을 관리하기 위해 새로운 스마트 컨트랙트를 생성할 때 구현해야 하는 사항들을 정의한 표준이다. 이 표준을 구현한 스마트 컨트랙트는 ERC-20 대체 가능 토큰(**CHAPTER 34** 참조)과 ERC-721 대체 불가능 토큰(**CHAPTER 35** 참조)을 동시에 관리할 수 있다. 이렇게 ERC-1155 표준은 대체 가능 토큰인 ERC-20과 대체 불가능 토큰인 ERC-721 토큰을 하나의 스마트 컨트랙트에 담아 결합한 것이므로 두 토큰의 혼합 거래가 가능하다.

ERC-20, ERC-721 토큰과 마찬가지로 ERC-1155 토큰 거래는 이더리움 블록체인(**CHAPTER 29** 참조)에서 이루어진다. ERC-1155 표준은 ERC-20과 ERC-721 표준의 거래 방법을 이용해 단일한 스마트 컨트랙트에서 다수의 수신자에게 원하는 수량만큼 토큰을 전송할 수 있는 새로운 매개변수를 정의한다.

단일한 스마트 컨트랙트를 통해 다양한 토큰을 관리하면 동일한 이더리움 거래에서 다양한 유형의 여러 토큰을 동시에 전송할 수 있다. 이를 통해 단일한 계약에서 여러 토큰에 관련된 비즈니스를 수행할 수 있다. 또한 단일한 계약으로 외부 계약이 필요하지 않기 때문에 거래 수수료를 절감할 수 있다. 실제로 전송을 위해 2단계(Approve와 Transfer)로 함수를 호출할 필요 없이 동일한 계약에서 단 하나의 함수 트랜스퍼만 호출하면 전송이 실행된다.

ERC-1155 토큰은 준 대체 가능토큰$_{SFT}$이라 할 수 있는데, 이 표준을 통해 토큰 사본을 대체 가능한 방식으로 특정한 수량만큼 발행할 수 있는 새로운 형식의 NFT를 생성할 수 있기 때문이다. 스포츠 선수들의 수집형 카드 게임을 떠올려보자. 각 선수의 이미지가 담긴 카드가 있고 이 카드는 다른 카드로 대체될 수 없다. 그렇지만 각각의 카드는 동일한 카드끼리 대체 가능한 사본을 여러 장 발행할 수 있다. 따라서 하나의 NFT(**CHAPTER 04** 참조)에 대해 두 개의 사본을 소유할 수 있다.

ERC-1155 표준은 ERC-20이나 ERC-721 인터페이스와 동일한 함수를 사용하지만 특히 토큰 전송 시, 대상이 되는 토큰을 지정해야 한다. 실제로 ERC-1155 스마트 컨트랙트를 실행하면 동일한 식별자를 갖고 있지만 다른 카테고리(CHAPTER 33 참조)에 속해 있는 두 개의 대체 불가능 토큰을 획득할 수 있다. 따라서 새로운 ERC-1155 토큰을 생성하려면 개발자는 ERC-1155 인터페이스에 명시되어 있는 다음과 같은 함수를 구현해야 한다.

▶ ERC-721 표준 함수와 유사한 밸런스오브 함수는 사용자나 특정한 스마트 컨트랙트가 보유하고 있는 토큰의 수를 알 수 있다. 이 함수는 반환해야 하는 토큰의 유형을 지정하기 위해 추가 매개변수를 필요로 한다. 이 함수를 통해 대체 가능 또는 대체 불가능 토큰에 대한 잔액을 알 수 있다.

▶ 새로운 함수 밸런스오브배치balanceOfBatch는 사용자 리스트와 여러 다른 유형의 토큰 잔액을 알 수 있다. 예를 들면 이 함수를 통해 스마트 컨트랙트에서 정의한 토큰 리스트에서 토큰 잔액을 알 수 있다. 리스트는 대체 가능 토큰과 대체 불가능 토큰으로 구성된다.

▶ ERC-721 표준의 함수와 유사한 세이프트랜스퍼롬 함수는 어떤 형식의 토큰으로 전송이 실행되어야 하는지를 결정하는 매개변수를 지정해야 한다. 이 함수는 소유자의 지갑에서 다른 지갑이나 스마트 컨트랙트로 토큰을 전송할 수 있게 해준다. 이 함수는 토큰 소유자만 호출할 수 있다. 스마트 컨트랙트로 토큰이 전송되는 경우, 토큰이 유실되는 것을 방지하기 위해 일종의 영수증을 요구한다. 영수증은 함수의 매개변수로 명시된다. 예를 들어 이 함수를 통해 앨리스는 계약에서 정의한 대체 가능 토큰에 대해 일정량의 토큰, 혹은 계약에서 정의한 대체 불가능 토큰에 대해 단일한 토큰을 전송할 수 있다.

- ▶ 새로운 함수 세이프배치트랜스퍼프롬SafeBatchTransferFrom을 통해 두 사용자 간에 단일한 하나의 거래에서 다양한 여러 개의 토큰을 전송할 수 있다. 전송되는 건 중 하나라도 오류가 발생하면 전체 전송이 취소된다. 예를 들어, 이 함수를 이용하면 앨리스는 밥에게 여러 개의 대체 가능 토큰과 한 개의 대체 불가능 토큰을 전송할 수 있다.

- ▶ ERC-721 표준의 함수와 유사한 셋어프로벌포얼SetApprovalForAll 함수는 사용자가 다른 사용자의 토큰 전체를 관리할 수 있도록 승인한다. 이 함수는 토큰을 소유한 사용자만 호출할 수 있다.

- ▶ ERC-721 표준의 함수와 유사한 이즈어프로브드포얼IsApprovedForAll 함수는 NFT 소유자나 스마트 컨트랙트가 소유자를 대리해 NFT 전송을 승인받았는지를 알 수 있게 한다. 예를 들어 NFT를 소유하고 있는 사용자 A가 사용자 B에게 NFT 전송 권한을 위임한 뒤 해당 함수를 호출하면, 사용자 A가 사용자 B에게 NFT 토큰 전송 기능을 위임했는지를 확인할 수 있다.

ERC-721 표준과 유사한 어프로벌포얼ApprovalForAll은 그대로 유지된다. 해당 이벤트는 사용자의 토큰 전송에 대한 승인이 이루어지거나 변경될 때 실행된다. 추가적인 두 개의 새로운 이벤트, 트랜스퍼싱글TransferSingle, 트랜스퍼배치TransferBatch는 하나 또는 여러 개의 토큰이 동시에 전송될 때 실행된다.

ERC-721 표준의 논리에 따라, ERC-1155 표준을 따르는 스마트 컨트랙트가 전송 영수증을 승인하려면 ERC-721 인터페이스에서 아이디어를 얻은 동명의 인터페이스 ERC-1155 토큰리시버를 구현해야 한다. 전송 영수증이 승인되야 컨트랙트로 토큰을 전송할 때 토큰을 정상적으로 수신할 수 있는지 혹은 정상적으로 전송이 되었는지 확인할 수 있다. 그러므로 이 인터페이스는 온ERC리시브드 함수를 그대로 사용한다. 이 함수를 호출하면 스마트 컨트랙트에서 토큰을 수신할 때 전송 세부정보를 비롯해 계약에 필요한 다른 데이터를 전송해 주는 매개변수를 알 수 있다. 또한 인터페이스 ERC-1155 토큰 리시버는 온ERC배치리시브드 함수를 필요로 한다. 이 함수를 호출하면 스마트 컨트랙트에서 다양한 유형의 여러 토큰을 동시에 수신하고 관리할 수 있다. 두 함수는 거래가 무효화된 경우 영수증을 반환한다.

ERC-1155 표준을 따르는 샌드박스

ERC-1155 표준을 사용하는 대표적인 스마트 컨트랙트 중 하나는 샌드박스 (CHAPTER 10 참조)의 스마트 컨트랙트이다. 이 게임에서 사용자는 3차원 픽셀 아트로 캐릭터, 장식품, 또는 액세서리를 NFT로 생성할 수 있다. 사용자가 새로운 항목을 생성할 때, 사용자는 사용 가능한 항목의 수량을 선택할 수 있다. 따라서 한 사용자가 메타버스 영토를 필요로 하면 그는 고유한 NFT 형태로 새 영토를 생성해 왕국을 건설할 수 있다. 이에 더해 자신의 새로운 영토 경계에 벽을 쌓고 싶다면 벽돌을 표현하는 NFT를 생성할 수 있으며 영토를 둘러싸는 데 필요한 만큼 사본을 생성할 수도 있다.

CHAPTER 37

ERC를 넘어서는
NFT 대안

NFT 개발은 주로 이더리움 ERC 표준에 의해 관리되지만, 성능과 가스비(**CHAPTER 22** 참조)에서 비롯된 한계로 인해 시장은 다른 블록체인과 네트워크에 기반하는 대안을 찾으려 하고 있다. 이더리움 ERC 표준을 대체하는 표준은 이미 등장했거나 개발 중에 있다.

블록체인을 연결할 수 있는 블록체인 네트워크, 코스모스

코스모스Cosmos 네트워크는 블록체인의 인터넷이라 불리기도 하며 서로 다른 블록체인 간 커뮤니케이션을 지원하고 데이터와 거래의 원활한 교환을 가능하게 할 목적으로 개발된, 이종의 블록체인 간 상호 운용성을 보장하는 솔루션이다. 코스모스는 2014년부터 개발된 텐더민트Tendermint 비잔틴 장애 허용BFT 합의 알고리즘으로 작동한다. 텐더민트는 P2P 통신 가십Gossip 프로토콜을 활용해 이론적으로 대략 초당 1만 건의 거래를 처리할 수 있다(10000TPS). 이 수치는 사실상 128명의 검증인 1인당 대략 438TPS의 처리 속도를 제공하지만 이를 감안한다 해도 이더리움 메인 네트워크보다 더 빠른 처리 속도를 제공한다. 또한 코스모스는 어떤 프로그래밍 언어로도 개발할 수 있어 개발자의 자유도가 높은 애플리케이션 블록체인 인터페이스ABCI, Application BlockChain Interface를 제공하기 때문에 쉽게 NFT를 개발할 수 있다. 텐더민트 이외에 코스모스 네트워크가 성공을 거둔 데에는 다음의 두 가지 요소가 크게 작용했다.

▶ IBCInter-Blockchain Communication Protocol: 여러 개별 블록체인 간에 '허브'를 통해 블록체인 간 통신을 용이하게 해주는 인증 프로토콜.

▶ 코스모스 SDK: 다른 블록체인과 상호작용할 수 있는 디앱 전용 블록체인 구축 과정을 간소화한 모듈식 오픈 소스 개발 키트.

이더리움 스마트 컨트랙트를 지원하기 위한 이브노스Evnos(이더민트에서 변경된 명칭) 프로젝트는 코스모스와 이더리움 간 상호 운용성과 통신을 가능하게 해주는 솔루션으로 이를 통해 모든 NFT 토큰(ERC-721 또는 ERC-11155)과 상호작용이 가능하다. 그래비티 브리지Gravity Bridge 역시 블록체인 간 통신을 연결해주기는 하지만 ERC-20 토큰만 지원하고 있다.

한편 코스모스 SDK에서 NFT 모듈이 개발되고 있지만 아직 개발이 완료되지 않았다. 코스모스에서는 공식적으로 아키텍처 의사결정 기록ADR을 통해 개발을 요청해야 하는 숙제가 남아 있다. 특히 ADR-043 표준은 ERC-721 표준과 호환되는 일반 사양에 따라 NFT 모듈을 정의한다. 코스모스 네트워크에서 NFT를 개발할 때는 Rust 언어로 작성된 코즘와즘CosmWasm 모듈을 사용할 수 있다. 또한 NFT 표준은 코스모스의 CW721 사양을 따라야 한다.

NFT 표준과 관련 메타데이터를 통합하기 위해 인터NFTinterNFT라는 워킹그룹이 출범했다. 인터체인 재단과 여러 개발팀이 공동의 노력을 기울인 결과, NFT-RFC 형태의 표준과 프로토콜이 여러 건 개발됐고 CAIPsChain Agnostic Improvement Proposals라는 실행 개선 프로토콜이 제안되기도 했다. 코스모스 네트워크 생태계는 새로운 NFT 개발 전용 도구를 제시하며 지속적으로 성장하고 있다. 코스모스 네트워크의 주요한 생태계는 다음과 같다.

- ▶ 필론Pylons: SDK 코스모스와 IBC 프로토콜을 기반으로 출시된 NFT 개발 플랫폼이다. 간단하고 신속하게 상호 운용이 가능한 프로그래밍 환경을 제공해 NFT를 위한 디앱을 생성하고 구성할 수 있다.

- ▶ 업틱Uptick: 실용적 NFT(공연 티켓과 같은)와 다중 블록체인의 관리와 개발을 위한 모바일 디앱으로 안드로이드와 IOS에서 지원된다.

- ▶ 스타게이즈Stargaze: 프로필 아바타를 포함한 모든 콘텐츠가 NFT로 구성된 다오(CHAPTER 08 참조)를 통해 새로운 소셜네트워크를 구현하기 위한 프로토콜이다.

플로우 블록체인과 플로우 NFT 표준

2017년 11월, 크립토키티는 급격한 성장세를 보이며 폭발적인 인기를 끌었다. 당시 크립토키티에 관련된 거래가 이더리움 네트워크 트래픽 용량의 12%를 차지하면서 병목 현상이 발생했고 이에 따라 가스비가 폭등했다. 이런 문제를 겪은 후, 이더리움은 네트워크 병목 현상을 해소해줄 새로운 보완 솔루션 개발에 착수했다. 레이어 2 블록체인 또는 레이어 1 블록체인의 샤딩(CHAPTER 22 참조)이 대표적인 보완 솔루션이다. 그러나 게임을 퍼블리싱하는 대퍼랩스는 이 솔루션이 자신들에게 적합하지 않다고 생각했고 사용자와 개발자 모두에게 개발 친화적이고 탈중앙화된 경험을 제공한다는 목표로 NFT 특화 블록체인 플랫폼 플로우를 개발하기 시작했다.

플로우가 채택한 다목적 아키텍처에서는 합의 프로세스와 컴퓨팅 프로세스를 분리되어 있으며 네 가지 노드 유형이 블록체인의 유지, 보안, 실행 작업을 분담한다. 따라서 블록체인의 거래 처리에 있어 효율을 높일 수 있고 각 노드의 역할을 유형별로 전문화할 수 있다.

▶ 컨센서스 노드: 블록체인에서 거래의 순서를 결정한다. 따라서 핫스터프_{HotStuff} 알고리즘에 기반하고 있는 BFT 합의 모델을 적용한다.

▶ 실행 노드: 거래 실행에 필요한 연산 능력을 제공하고 컨센서스 노드를 통해 거래 순서가 지정될 때 결과를 확정한다. 정확하고 오류가 없는 실행을 보장하기 위해 특수 기밀 지식 증명_{SPoCK, Specialized Proofs of Confidential Knowledge}을 적용한다.

▶ 검증 노드: 실행 노드를 검증한다(특히 SPoCK 증명).

▶ 컬렉션 노드: 노드를 클러스터로 분할해 네트워크 연결 가용성을 향상시킨다. 이 클러스터는 거래를 컬렉션 형태로 묶어 제출된 거래 묶음을 처리한다.

플로우 블록체인이 채택한 지분증명은 노드의 역할을 효율적으로 분배하고 역할 실행에 따라 발생하는 보상(그리고 경우에 따라 페널티)을 결정한다. 특히 플로우는 개발자 친화적 프로그래밍 언어인 케이던스_{Cadence}(개발자가 실시간으로 코드를 수정하면서 디앱을 배포할 수 있다)를 제공해 초기 블록체인이 가지고 있던 한계인 높은 진입장벽을 낮췄다. 그 덕분에 많은 개발사들이 플로우 블록체인에서 NFT를 결합한 다양한 프로젝트를 진행하고 있다. 워너 뮤직 그룹과 유비소프트는 플로우 생태계의 대표적인 파트너로서 플로우가 더욱 큰 신뢰를 쌓는

데 기여했다. 이후 대퍼랩스는 NFT 톱숏(**CHAPTER 12** 참조) 개발을 위해 미국프로농구협회NBA와 독점 파트너십을 체결할 정도로 크게 성장했다. 이런 상황에서 플로우 블록체인은 NFT를 관리하기 위한 '플로우!NFT 표준'을 제안했다. 플로우!NFT 표준에서 각 NFT는 사용자가 자신의 계정에 저장한 NFT 형태의 리소스 개체로 표시된다. 또한 메인 인터페이스 NFT는 컬렉션의 리소스를 요구한다.

ERC-721(**CHAPTER 35** 참조)이나 ERC-1155(**CHAPTER 36** 참조) 표준과 비교할 때, 플로우!NFT 표준은 NFT 사용 방법이 포함되어 있지 않은 계약에 NFT를 전송할 수 없도록 한다. 즉, NFT를 성공적으로 전송하려면 전송자는 전송 시 수신자란에 계정 주소를 입력하거나 토큰 수신을 할 수 있는 적합한 컨트랙트 주소를 입력해야 한다. ERC-223 표준을 보완해 정상적으로 승인되지 않은 토큰이 유실되는 리스크를 제거하려 했다. 그래서 NFT는 묶음으로 전송되고 사용자는 토큰이 전송되었을 때 액션을 실행할 수 있는 사용자 지정 수신인을 매우 쉽게 정의할 수 있다. 마지막으로 플로우!NFT 표준은 속성(특정 값)을 쉽게 찾을 수 있게 해준다. 소유한 토큰을 찾기 위해 모든 NFT 토큰을 조회할 필요 없이 플로우!NFT 표준의 겟아이디getIDs 함수를 호출하기만 하면 계정 컬렉션에 저장된 원하는 NFT를 즉시 조회할 수 있다.

이오스와 디굿즈 표준

　이오스는 2017년 5월부터 미국 블록원_{Block.one}의 대표이사 브렌든 블루머_{Brendan Blumer}와 기술이사 댄 라리머_{Dan Larimer}가 이더리움을 기반으로 개발했고, 2018년 6월 이더리움에서 벗어나 자체 메인넷을 오픈한 블록체인으로 각 레이어가 고유한 합의 알고리즘에 기반하고 있는 레이어 2 아키텍처를 적용했다.

▶ 레이어 1: 레이어 2에서 제안된 블록 검증을 위해 비동시적 비잔틴 장애 허용 aBFT, Asynchronous Byzantine Fault Tolerant 합의 알고리즘을 사용한다. 2단계에 걸쳐 블록 생성자의 3분의 2로 구성된 다수가 각 블록을 두 번씩 검증한다.

▶ 레이어 2: 위임지분증명DPoS을 사용한다. 전체 토큰 보유자들이 21명의 블록 생성자BP를 선출한 후, 그들에게 블록체인의 운영을 맡긴다.

　이오스 생태계는 C++ 언어로 프로그래밍 된 웹어셈블리_{Wasm} 스마트 컨트랙트를 통해 쉽게 디앱을 개발할 수 있는 환경을 제공한다. 이를 위해 모듈식 LLVM 오픈소스 컴파일러 환경에 기반하고 있는 인터페이스에서 ESO.CDT_{EOSIO Contract Development Toolkit} 개발자 키트가 제공된다. 디굿즈_{dGoods}는 이오스 블록체인에서 NFT를 관리하기 위해 제안된 오픈소스 표준이다. 표준 토큰을 정의하는 'eosio.token' 클래스를 논리적으로 확장하는 계층적 데이터 구조를 제공한다는 점에서 이더리움 하이브리드 토큰 ERC-1155(**CHAPTER 36** 참조) 표준과 유사하다. 새로운 디굿즈 계약을 실행하려면 디굿즈스코피그_{dgoods.secconfig} 함수를 호출해 관련 토큰의 기본 특성(심벌 등)을 정의해야 한다. 또한 디굿즈 표준은 개발된 디지털 재화의 유형(비디오 게임, 티켓, 그림이나 사진 등)에 따라 사전에 설정된 토큰 관련 메타 데이터가 요구된다.

이오스는 거래 수수료가 무료인 덕분에 큰 호응을 얻었지만 2017년에서 2018년에 44억 달러(당시 최고 모금액)를 모금한 ICO 과정에서 EOS 토큰 판매를 둘러싸고 시장 조작이 있었다는 의혹이 제기되기도 했다. 블록체인 거래 처리 속도를 높이기 위해 극히 제한된 인원의 검증인만을 블록 검증에 참여시키는 것 또한 문제로 지적되고 있다. 그래서 많은 블록 생성자들은 탈중앙화를 표방하지만 사실상 중앙화된 블록체인이라며 이오스에 불만의 목소리를 높이기도 했다. 따라서 이오스는 디굿즈 표준에 따른 이오스 블록체인 기반 NFT 개발에 있어 이런 비판들을 반드시 고려해야 한다.

TRC-721, TZIP-12, NEP-171

대체 불가능 토큰 또는 하이브리드 토큰의 표준 정의에 대한 실질적인 합의가 없는 상태에서 이더리움과 경쟁하는 다른 블록체인은 자신들의 생태계에 적합한 표준을 개발해야 했다. 지금까지 가장 널리 쓰이고 있는 블록체인의 새로운 표준에 대해 자세히 알아봤다면, 신생 암호화폐 플랫폼의 표준을 알아보자.

트론Tron은 비트토렌트BitTorrent(트론이 2018년 인수) 기술을 사용하는 탈중앙화 콘텐츠 저장 네트워크다. 코스모스 블록체인처럼 다양한 블록체인이 연결된 탈중앙화 엔터테인먼트 애플리케이션이 구현될 수 있는 블록체인을 지향한다. 비트토렌트 파일 시스템BTFS은 네트워크 노드에 의해 탈중앙화가 보장되는 일종의 분산형 파일 시스템IPFS(**CHAPTER 06** 참조)이라 할 수 있다. 트론은 저장된 모든 파일을 NFT 토큰으로 변환할 수 있도록 2021년 3월, TRC-721 표준을 발표했다. 이 표준은 ERC-721 표준과 호환되며 트론 NFT 토큰 정의에 필요한 인터페이스를 제공한다. 이후 NFT 자산의 영구 저장을 지원하기 위한 NFT 허브 프로젝트 역시 개시되었다.

테조스는 2020년 1월, TZIP-012 표준을 발표했다. 리스지분증명LPoS을 기반으로 하는 테조스는 미켈슨Michelson이라는 프로그래밍 언어로 디앱 개발을 지원한다. 테조스는 다오와 유사한 내부 거버넌스 시스템을 통해 자체 개정 시스템Self-Amendment을 제공한다는 특징이 있다. 아티스트, 음악가, 컬렉터, 인플루언서가 테조스에서 NFT 자산을 관리할 수 있도록 TZIP-012 표준을 제안했다. 뮤지컬 팬들을 위한 원오브OneOf 플랫폼을 비롯해 많은 아티스트 전용 마켓플레이스(KalaMint, Objkt.com, Minter-Pop 등)가 테조스와 파트너십을 체결했다. 유비소프트는 테조스 블록체인을 기반으로 한 신규 NFT 플랫폼인 쿼츠Qwartz를 출시해 온라인 게임 고스트 리콘 브레이크 포인트에 시범 적용했으며 차후 더 많은 유비소프트 게임에 적용할 전망이다.

NEP-171 표준은 니어Near 블록체인에서 사용되는 NFT의 통신 프로토콜을 정의한 것으로, 이더리움 2.0에서 사용되는 블록체인 샤딩(**CHAPTER 22** 참조) 기술인 나이트 셰이드샤딩Nightshade Sharding 기술을 적용하여 성능을 향상시켰다. 이 표준은 민트베이스와 같이 인기 있는 NFT 플랫폼에서도 사용되고 있다. 민트베이스는 디지털 재화를 생성하고 다양한 퍼블릭 블록체인에 이 재화를 쉽게 배포할 수 있도록 지원하는 마켓플레이스로 최근 니어 블록체인으로 마이그레이션을 실행했다. 레인보우 브리지는 니어와 이더리움 간 상호 운용성을 보장하며 두 블록체인 간 ERC 토큰(대체 가능/대체불가능 토큰) 전송을 지원한다. 〈표 37.1〉은 대안 블록체인과 관련 NFT 표준의 주요한 특성을 요약한 것이다.

블록체인명	NFT 표준	합의 알고리즘	성능 (2021년 기준)	거래 수수료	주요 NFT 프로젝트
코스모스 (ATOM)	CW721	BTF	~7.2s/bloc 440TPS	0.0달러	인터NFT, 파일런, 스타게이즈
이오스 (EOS)	디굿	BTF/DPoS	~0.5s/bloc 4,000TPS	0	업랜드
플로우 (FLOW)	Flow !NFT	BFT/PoS	~2.5s/bloc 1,000TPS	0.0001달러	NFT 톱숏
니어 (NEAR)	NEP-171	PoS	~1s/bloc 100,000TPS	–	베리클럽, 민트베이스, 니어폴리오
테조스 (TRX)	TZIP-12	LPoS	~60s/bloc 40TPS	0.02달러	칼라민트, 원오브, 오브젝트닷컴, 민터팝, 유비소프트 쿼츠
트론 (TRX)	TRC-721	BFT/DPoS	~3s/bloc 2,000TPS	0	서스트스왑, 크래프틀리, 티펑크, 트론미빗츠
솔라나 (SPL)	없음	PoS	0.5s/bloc 65,000TPS	0.0001달러	오로리, 솔라리언, 데건에이프아카데미, 스타아틀라스

표 37.1 NFT 개발에 사용되는 주요한 대안 블록체인의 특성

NFT 사용설명서 플러스
아는 만큼 돈이 되는 가상자산 투자 가이드

초판 1쇄 인쇄 2023년 5월 18일
초판 1쇄 발행 2023년 5월 25일

지은이 장 기욤 뒤마, 파스칼 라푸르카데, 에티엔 루데, 아리안 티치트, 세바스티앵 바레트
옮긴이 박효은
감수자 이장우, 정재승

발행인 장지웅
편집 선우지운
마케팅 이상혁
진행 이승희
교정교열 이정은
디자인 김보현, 박은진
펴낸곳 여의도책방
인쇄 (주)예인미술

출판등록 2018년 10월 23일(제2018-000139호)
주소 서울시 영등포구 국제금융로6길 33, 11층 1108호
전화 02-6952-2431
팩스 02-6952-4213
이메일 esangbook@lsinvest.co.kr

ISBN 979-11-91904-29-1 03320